Roberto Piemonte

Una voce tra cielo e terra

Roberto Piemonte

Una voce tra cielo e terra

L'arte della predicazione in San Gregorio Magno

Edizioni Sant'Antonio

Impressum / Stampa
Bibliografische Information der Deutschen Nationalbibliothek: Die Deutsche Nationalbibliothek verzeichnet diese Publikation in der Deutschen Nationalbibliografie; detaillierte bibliografische Daten sind im Internet über http://dnb.d-nb.de abrufbar.

Informazione bibliografica pubblicata da Deutsche Nationalbibliothek (Biblioteca Nazionale Tedesca): la Deutsche Nationalbibliothek novera questa pubblicazione su Deutsche Nationalbibliografie. Dati bibliografici più dettagliati sono disponibili in internet al sito web http://dnb.d-nb.de.

Coverbild / Immagine di copertina: www.ingimage.com

Verlag / Editore:
Edizioni Accademiche Italiane
ist ein Imprint der / è un marchio di
OmniScriptum GmbH & Co. KG
Heinrich-Böcking-Str. 6-8, 66121 Saarbrücken, Deutschland / Germania
Email / Posta Elettronica: info@edizioni-ai.com

Herstellung: siehe letzte Seite /
Pubblicato: vedi ultima pagina
ISBN: 978-3-639-60611-9

Al popolo gregoriano

con amore e riconoscenza.

INDICE

PRESENTAZIONE

Con grande piacere presento la pubblicazione di Don Roberto Piemonte, Parroco di San Gregorio Magno che ha per oggetto proprio il Santo Patrono della Parrocchia e del Comune di Apostolato.

Evidente lo scopo: far conoscere il santo Patrono non solo attraverso convegni e iniziative varie che tengono la sua comunità impegnata ad approfondire la conoscenza del santo patrono, ma anche la pubblicazione di questo libro che nel titolo riassume il contenuto: UNA VOCE TRA CIELO E TERRA – SAN GREGORIO MAGNO E L'ARTE DELLA PREDICAZIONE.

L'attenzione a chi annunzia la Parola nella Chiesa risale alla Scrittura ed ai primi Padri della Chiesa, come dalle seguenti citazioni:

I presbiteri che bene presiedono siano riconosciuti degni di doppio onorario, soprattutto coloro che si affaticano nella parola e nell'insegnamento (1Tm5,17);

Amerai come la pupilla dei tuoi occhi chiunque ti dirà la parola del Signore (*Lettera di Barnaba* 19);

Figlio mio, ricordati di giorno e di notte di chi predica la parola di Dio e onoralo come il Signore; dove infatti è annunziata la maestà ivi è il Signore (*Didaché* 4,1);

Ci riuniamo per commentare le Sacre Scritture, se il corso degli avvenimenti dei tempi presenti ci obblighi a ricercarvi qualcosa che li preannunci o li spieghi (Tertulliano *Apologetico* 29).

Questa ultima citazione ci avvicina al nostro autore che privilegia l'annunzio nelle assemblee liturgiche e vede nella Bibbia la parola viva e incarnata, oggi e qui, per interpretare la storia.

Non è possibile sintetizzare la ricchezza dei contenuti della pubblicazione. Don Roberto, mi sia consentito ricordarlo alunno del seminario di Salerno, dedito agli studi con la stessa passione con cui oggi lavora in Parrocchia e continua a coltivare la passione intellettuale. Proprio come Gregorio Magno: "*monacus intus*", "*apostolus foris*" e sulla linea di Papa Francesco che chiede al predicatore la capacità di ascolto dello spirito presente nella Sacra Scrittura e dello spirito presente nel popolo di Dio. Al predicatore si richiede di "*intingere la penna nell'inchiostro del sangue del proprio cuore*" e "*toccare*" i fedeli come solo Gesù sapeva fare.

Sac. Antonio Cantelmi

INTRODUZIONE

Papa Francesco nell'esortazione apostolica *Evangelii gaudium* dà la definizione più bella e profonda dell'omelia: «L'omelia è la pietra di paragone per valutare la vicinanza e la capacità d'incontro di un Pastore con il suo popolo. [...] L'omelia può essere realmente un'intensa esperienza dello Spirito, un confortante incontro con la Parola, una fonte costante di rinnovamento e di crescita».[1] Incontrare l'uomo e la Parola; trovare l'uno nell'altro e viceversa come in un'esperienza sponsale dove il sacerdote riscopre e vive continuamente una profonda fecondità che invade spirito e corporeità.

Nel generale atteggiamento di rinnovamento dell'evangelizzazione il Papa ci chiede di rivalutare in chiave missionaria quelle componenti dell'azione pastorale che sono già presenti nella tradizione della Chiesa. La predicazione omiletica si contraddistingue come la più antica forma di comunicazione della fede che abbraccia varie dimensioni del nostro vissuto cristiano (la catechesi, la liturgia, la carità). Attualmente grazie anche agli ultimi interventi magisteriali[2] l'omelia sta recuperando sempre di più la sua peculiarità in seno al contesto liturgico e mistagogico[3].

In fondo non si tratta di fare altro che recuperare il rapporto così forte tra Parola, Chiesa e Missione fondamentale nella tradizione dei Padri della Chiesa: la loro predicazione infatti non corrisponde semplicemente ad un puro esercizio retorico – tipico delle letterature classiche pagane – ma ha la funzione di far rivivere il testo sacro nell'oggi dell'orizzonte ermeneutico della comunità ecclesiale: «C'è, dunque, una circolarità ermeneutica tra la Scrittura e il vissuto della comunità, anzitutto il vissuto liturgico, ma anche quello ordinario fatto di forme di annuncio e di catechesi, di concretizzazione della carità fraterna e del vissuto della fede nei singoli, nelle famiglie, nelle relazioni. La Scrittura aiuta a comprendere gli eventi in cui la

---

[1] FRANCESCO, *Esortazione Apostolica Evangelii gaudium*, 24 novembre 2013, n.135.
[2] Cfr. BENEDETTO XVI, *Verbum Domini*, 30 settembre 2010.
[3] Per approfondire: A. ROMANO, *Il nesso tra omelia divina e catechesi: la mistagogia della Parola come eco del verbum in ecclesia*, in «*Rivista Liturgica*», 2/2012, pp. 359-367.

comunità è coinvolta come una storia santa guidata da Dio stesso e gli eventi provocano una comprensione della Scrittura che ne dilata il senso»[4].

Nella riflessione di papa Francesco l'omelia si situa in una sorta di posizione liminale[5] che la caratterizza ancora di più come territorio di missione nella dinamica centro-periferia che è alla base dell'ecclesiologia missionaria del Pontefice; inoltre, il Papa fa riferimento ad immagini di vita domestica per indicare la cura materna del predicatore nei confronti del suo popolo[6] e nell'attribuire all'omelia un connotato né moralistico né dottrinale, ma capace di far leva sui cuori, sull'umano che è coinvolto nella ritualità[7].

«Il predicatore è un contemplativo della Parola ed anche un contemplativo del popolo»[8]: quando parliamo di arte della predicazione facciamo proprio riferimento ad una cura pastorale che non ha il sapore artificioso della retorica, ma pulsa di carità e di studio, lettura, meditazione e preghiera. Il predicatore efficace si misura non dalla tecnica, ma dalla capacità di mettersi in ascolto di Dio e del Popolo: «Il vertice della predicazione è nell'omelia che ancora oggi per molti cristiani è il momento capitale dell'incontro con la Parola di Dio. In questo atto il ministro dovrebbe trasformarsi anche in profeta. Egli, infatti, deve in un linguaggio nitido, incisivo e sostanzioso, non solo con l'autorevolezza annunciare le mirabili opere di Dio nella storia della

---

[4] C. BISCONTIN, *Bibbia e omelia*, in «*Credere oggi*», 4/2012, pp. 76-85.

[5] Cfr. P. ZANINI, *Significati del confine. I limiti naturali, storici, mentali*, Mondadori, Milano 2000, p. 7: «Il confine impone, con l'evidenza dei suoi segni e la sua dimensione circoscritta, il suo essere uno spazio chiuso, una sicurezza che la frontiera (fisica, biologica, psicologica, ...), luogo vasto e indeterminato, non può assicurare. Il confine separa due spazi, due persone, due ideologie, in maniera più netta di quanto faccia la frontiera. Il primo ha un tratto deciso e forte, la seconda con le sue frange grandi e piccole, crea un terzo spazio che il confine, quasi ne avesse timore, tende invece a ridurre al minimo. Ecco perché rompere i confini non implica necessariamente la cancellazione delle frontiere. Significa infrangere, sfrangiare il più possibile, il confine, il limite che esso stabilisce, per trasformarlo in un margine sempre più ampio, dove dare luogo alle differenze. Abitare la soglia vorrebbe dire, allora, abitare e costruire questo terzo luogo il cui centro passa al suo interno e dentro di noi per diventare noi stessi uomini di confine».
Cfr. GIUSEPPE MAZZA, *Dio al limite. Prospettive per un cristianesimo di soglia*, San Paolo, Torino 2009.

[6] «La Chiesa è madre e predica al popolo come una madre che parla a suo figlio [...]. Come a tutti noi piace che ci si parli nella nostra lingua materna, così anche nella fede, ci piace che ci si parli in chiave di "cultura materna", in chiave di dialetto materno (cfr 2 Mac 7,21.27), e il cuore si dispone ad ascoltare meglio. Questa lingua è una tonalità che trasmette coraggio, respiro, forza, impulso» (FRANCESCO, *Esortazione Apostolica Evangelii gaudium*, cit., n.139).

[7] Cfr. G. BONACCORSO, *La liturgia e la fede. La teologia e l'antropologia del rito*, Messaggero, Padova 2010, p. 82: «Se la teologia liturgica vuole penetrare l'incontro tra Dio e l'uomo che si realizza nei riti cristiani deve rivolgersi, prima o poi, all'umanità reale e concreta dato che essa è oggetto di esperienza, e in particolare soggetto di esperienza dell'incontro con Dio».

[8] FRANCESCO, *Esortazione Apostolica Evangelii gaudium*, cit., n.154.

salvezza – offerte prima attraverso una chiara e viva lettura del testo biblico proposto dalla liturgia – ma deve anche attualizzarle nei tempi e nei momenti vissuti dagli ascoltatori e far sbocciare nel loro cuore la domanda della conversione e dell'impegno vitale: "Che cosa dobbiamo fare?"»[9].

Questa breve introduzione fa da apripista all'argomento specifico circa l'arte della predicazione nella vita e negli scritti di San Gregorio Magno. I Padri della Chiesa, e, in particolare, la testimonianza di san Gregorio, - un monaco e di un pastore insigne per santità, cultura e carità -, ci forniscono le dimensioni perenni della carità che deve animare il ministero della Parola e della Predicazione di un presbitero.

I Padri della Chiesa rappresentano da sempre l'alimento della vita della Chiesa perché in essi pulsano centrali le caratteristiche fondamentali della Chiesa: Parola, Liturgia, Carità. Mettersi in ascolto dei Padri è sempre stato per la Chiesa un fermento di rinnovamento e di crescita: «Lo studio dei Padri, di grande utilità per tutti, è di necessità imperiosa per coloro che hanno a cuore il rinnovamento teologico, pastorale, spirituale promosso dal Concilio e vi vogliono cooperare. In loro infatti ci sono delle costanti che sono alla base di ogni autentico rinnovamento. Il pensiero patristico è cristocentrico; è esempio di una teologia unificata, viva, maturata a contatto con i problemi del ministero pastorale; è un ottimo modello di catechesi, fonte per la conoscenza della Sacra Scrittura e della Tradizione, come pure dell'uomo totale e della vera identità cristiana. I Padri, infatti, sono una struttura stabile della Chiesa, e per la Chiesa di tutti i secoli adempiono a una funzione perenne. Cosicché ogni annuncio e magistero successivo, se vuole essere autentico, deve confrontarsi con il loro annuncio e il loro magistero; ogni carisma e ogni ministero deve attingere alla sorgente vitale della loro paternità e ogni pietra nuova aggiunta all'edificio deve collocarsi nelle strutture già da loro poste, e con esse saldarsi e connettersi»[10].

Ho avuto modo di constatare come le parole di Papa Francesco trovino un'eco profonda nelle origini del cristianesimo e in quel tesoro inesauribile che è la riflessione dei Padri: è in questo sguardo retrospettivo che nasce la presente

---

[9] XII ASSEMBLEA GENERALE ORDINARIA DEL SINODO DEI VESCOVI, *Messaggio finale*, n. 7.

[10] CONGREGAZIONE PER L'EDUCAZIONE CATTOLICA, *Istruzione sullo studio dei Padri della Chiesa nella formazione sacerdotale*, Roma 1989, n. 16.

riflessione su San Gregorio Magno e la predicazione perché i punti di contatto e la sensibilità tra Papa Francesco e il santo Pontefice sono quanto mai forti e interessanti.

Nella Chiesa il valore del tempo è superato perché la Parola e la salvezza di cui si fa portatrice, pur inserite nella storia, la trascendono perché parlano all'uomo vero, profondo e concreto: ed è nel segno di questo umanesimo esperienziale che Gregorio e Francesco si parlano come contemporanei.

Capitolo I

Vita e opere di San Gregorio Magno

Il primo capitolo ci introduce nei meandri del pensiero di Gregorio Magno con una riflessione storica, biografica nonché ad uno sguardo d'insieme dell'opera gregoriana.

San Gregorio vive il suo tempo con la passione e le paure tipiche di un uomo: la sua fede e la sua vocazione non sono una campana di vetro che lo preservano da pericoli, minacce e timori; al contrario, la sua esperienza di Dio è profondamente intrisa delle tragedie e delle speranze dell'umanità del suo tempo.

Introduciamo l'espressione di uomo "al limite" perché crediamo renda bene l'idea della sua esperienza vitale e, soprattutto, della vicinanza alla nostra sensibilità contemporanea. Il tentativo è quello di rispettare la cronaca, ma allo stesso tempo consegnarlo al nostro sguardo come esempio paradigmatico e appello concreto rispetto alle sfide odierne della Chiesa e del credente.

Il ministero e la riflessione di San Gregorio sono un tutt'uno, non possono essere considerate momenti staccati e autonomi; anche quando Gregorio risponde ad una semplice esigenza spirituale essa, nei fatti, è sempre intrisa delle sue ansie e dei suoi impegni apostolici. Credo che in questo si situi il carattere più originale e personale dell'opera e dell'agire di Gregorio. Capace di innalzare lo sguardo di chi legge a vertici di sublimità e di tratti quasi mistici e poi, ecco, che sei catapultato nelle vicende terrene di un uomo di Chiesa che deve districarsi tra le macerie della storia.

1.1 Un uomo al "limite"

A cavallo di due mondi culturali e politici[11] l'uno in frantumi – l'Impero d'Occidente – l'altro non ancora sorto – la *civitas christiana*, Gregorio Magno si districa in questa magmatica situazione con sentimenti che anticipano già quel clima di attesa escatologica dell'Alto Medioevo e, per certi versi, molto vicini a quell'inquietudine tipica della postmodernità[12]. La postmodernità o l'epoca del disincanto, del nichilismo, ecc … si presenta sotto varie forme ed espressioni culturali, sfugge ad ogni tipo di determinazione (ma in fondo è proprio questa la sua caratteristica). Questo senso di spaesamento si registra storicamente proprio nei periodi di passaggio critici ed epocali quale fu l'epoca gregoriana tra il V-VI secolo d.C. .

Il periodo gregoriano è, infatti, un'epoca di grandi fermenti della storia della Chiesa e dell'intera civiltà occidentale europea: è qui che si cominciano a seminare i germi della futura Europa cristiana, del potere politico del pontefice romano nonché dell'imprescindibile legame tra cultura e cristianesimo che, in questo momento, vede legate le sorti del monachesimo con alcuni centri del sapere che saranno il seme delle future università.

Come tutti i periodi di crisi e di passaggio epocali l'uomo vive immerso nel ricordo del mondo antico (ormai ridotto in macerie, ma ancora capace di evocare simboli e suscitare passioni) e l'incertezza del futuro: in questa dinamica il presente

---

[11] Per un quadro d'insieme di quest'epoca: P. COURCELLE, *Les lettres grecques en Occident*, Paris 1948; G. VINAY, *Alto Medioevo latino. Conversazioni e no*, Napoli 1977; U. PIZZANI, *La cultura in Italia e in Gallia nel sesto secolo*, in *Venanzio Fortunato tra Italia e Francia*, Atti del Convegno internazionale di Studi (Valdobbiadene, 17 maggio – Treviso, 18-109 maggio 1990), Treviso 1993; I. GOBRY, *Storia del monachesimo. Ora et labora*, Vol I, Roma 1991.
Per delineare la vita e le opere di san Gregorio Magno: P. DIACONO, *Sancti Gregorii Magni vita*, Pl 75, 42-60, Parigi 1849; H. GRISAR, *San Gregorio Magno*, Roma 1904; E. M. MARIN, *Gregorio I, papa della carità*, Roma 1951; R. GODDING, *Bibliografia di G. M.* (1890-1989), Roma 1990; B. CALATI, *Il monachesimo benedettino e i Dialoghi di G. M.*, in *Il monachesimo nel Primo Millennio*, Atti del Convegno Internazionale (Roma – Casamari 24-25-26 febbraio 1989), Roma 1992.

[12] Cfr. U. GALIMBERTI, *L'ospite inquietante. Il nichilismo e i giovani*, Feltrinelli, Milano 2013, p. 19: «La tristezza che invade è la tristezza del tramonto, quando il sole cede il posto a una luna che è malvagia perché giunge a concludere un giorno in cui il lavoro è stato vano, perché la terra si è disseccata, i frutti non hanno risposto alle attese, le fonti si sono prosciugate e nessun abisso si è dischiuso a inghiottire l'uomo, che dunque resta testimone dell'aridità della terra, del niente che ne è nato. Il nichilismo conclude la terra della sera e custodisce il senso del tramonto».

non ha alcunché di rassicurante e l'idea della *parusia*, del ritorno glorioso di Cristo è un tema costante degli intellettuali cristiani di questo periodo da cui non è esente Gregorio Magno.

La postmodernità – scrostata dai suoi elementi filosofici della contemporaneità – con il suo universo concettuale percorso dalle incertezze, dallo smarrimento della verità, il non-senso che assurge a significato complessivo di un'epoca diventa il paradigma di riferimento che contrassegna tutte le epoche storiche in cui la crisi e i cambiamenti si fanno profondi e strutturali. Potremmo dire che esiste una postmodernità perenne che, come un filo rosso, affiora nelle età storiche dell'Occidente come quell'inquietudine verso un futuro che stenta a prendere corpo.

Gregorio nasce a Roma attorno al 540 da una famiglia patrizia che tradizionalmente viene individuata nella famiglia degli Anici, una famiglia senatoriale di Roma che vantava tra i propri antenati, sembra addirittura Scipione l'Africano o comunque faceva riferimento ai famosi fratelli Gracchi della Repubblica di Roma.

Una famiglia quindi antica, una famiglia nobile, una famiglia ricchissima. Studiò, proprio perché era figlio di famiglia benestante, nelle ultime scuole che ancora sopravvivevano a Roma, prima che i nuovi popoli venuti dal nord, spazzassero via queste strutture classiche per favorire forse l'origine di altri punti culturali di riferimento come sarebbero stati i Monasteri e le Cattedrali.
Gregorio Magno vantava fra i propri antenati un papa, Felice III e fra i possedimenti della sua famiglia, da parte del padre, aveva un palazzo sul colle Celio, intorno al quale il Papa Agàpito aveva concepito di costruire una biblioteca della Chiesa romana per favorire la trascrizione e l'interpretazione soprattutto dei codici biblici, dei commenti patristici, ma anche della cultura classica.

Purtroppo questa biblioteca non ebbe sviluppi, ma sembra che Gregorio ne abbia potuto approfittare per studiare lui stesso. L'idea del papa Agàpito, era stata condivisa da un altro grande personaggio che era stato segretario del re Teodorico: Cassiodoro. Egli aveva concepito un monachesimo intellettuale, tutto dedito alla trasmissione e alla interpretazione della cultura antica classica, ma anche cristiana.

Questa biblioteca si trovava al "*Clivus Scauri*" (che esiste ancora oggi), ed è la strada che divideva il territorio appartenente alla famiglia di Gregorio, da una delle Chiese domestiche più famose di Roma, quella dei santi Giovanni e Paolo al Celio.

Verso il 572, quindi all'età di circa 32 anni, Gregorio ormai ben formato all'interno di questo ambito culturale, fu nominato *Prefectus Urbi* che è come dire governatore, amministratore di Roma. Lui stesso ne parla e di lui parlano come di un prefetto non solo molto capace e molto sapiente, ma anche un po' vanaglorioso.

Gregorio stesso parla della sua conversione nella lettera dedicatoria all'amico vescovo Leandro di Siviglia che fa da prologo al commentario su Giobbe:

> «Troppo a lungo, caro Leandro, io differii la grazia della conversione e anche dopo il desiderio ispiratomi dal cielo, preferii conservare l'abito secolare. Fin d'allora l'amore delle cose belle mi spingeva verso una scelta precisa, ma le mie radicate abitudini, m'impedivano di cambiare maniera di vivere. Benché la mia intenzione ormai fosse quella di servire il mondo presente solo esteriormente, la sollecitudine per questo medesimo mondo a poco a poco fece crescere in me un'infinità di pensieri contrari al mio proposito e tali da irretirmi e non più soltanto esteriormente, ma, ciò che era più grave, interiormente.
> Finché, liberandomi finalmente di tutti questi impedimenti, guadagnai il porto del monastero e avendo lasciati per sempre i pensieri del mondo, nudo scampai al naufragio di questa vita. Ma come spesso capita quando si scatena la tempesta, che le onde strappino via una nave male ormeggiata anche dalla baia più sicura, così, bruscamente, col pretesto dell'ordine ecclesiastico, mi ritrovai nell'alto mare degli affari temporali e soltanto allora, dopo averla perduta, scoprii la pace del monastero che non seppi difendere con sufficiente energia quando era il momento di tenerla stretta»[13].

Con accenti tipicamente agostiniani Gregorio riferisce la sua conversione. Uomo di fede Gregorio ha bisogno di vera conversione che è quella risposta totale dell'uomo a Dio. Essendo, quindi, l'esistenza dell'uomo a lasciarsi interpellare in tutti i suoi aspetti dal richiamo della fede è chiaro che in noi si attivano i rifiuti, i ritardi e i dubbi. Novello San Paolo Gregorio tratteggia il proprio universo interiore analizzando alla luce della fede le proprie tendenze che lo legano ancora all'uomo

[13] GREGORIO MAGNO, *Commento morale a Giobbe*, Città Nuova, Roma 1992, p. 81.

vecchio che deve partorire, non senza il dolore e la prova di una libertà legata al progetto di Dio, l'uomo nuovo che vive interamente la sua vita come continuo esodo e nell'orizzonte del mistero pasquale di Cristo.

Una fede che si interroga quella di Gregorio, che entra nel corpo e nel sangue della sua personalità, non invece un'adesione astratta e formale ad un Dio lontano e impersonale.

Nella lettera la scelta monastica è simboleggiata dal porto, dalla quiete, dalla baia; mentre la vita nel mondo e negli affari politici è la tempesta che travolge, cattura, strappa alla quiete della solitudine.

Il credente, nell'Occidente latino, è chiamato ad una missione importante che è quella di colmare un vuoto di senso e di potere. La cultura e la politica diventeranno, ben presto, le mani della Chiesa per costruire una nuova civiltà, un nuovo paradigma storico frutto della capacità di fare della fede un motore capace di riattivare fiducia e speranza nell'avvenire e, quindi, ridare vita ad un continente devastato economicamente, socialmente e nelle strutture istituzionali: il capolavoro agostiniano, il *De civitate Dei*, è allo stesso tempo un'opera apologetica, escatologica e di teologia politica, e rappresenta il culmine massimo raggiunto dalla riflessione cristiana sul senso e sulla provvidenzialità dei fenomeni storici.

Anche oggi la Chiesa è interpellata dalla furia di nuove tempeste che agitano il mare della storia: sono sfide antiche e nuove quelle che strappano la fede dei credenti alle comodità e alle sicurezze di un mondo statico e stanco dove la fede rischia di assumere i tratti della sconfitta e della rassegnazione presentando una visione museale del divino che una forza capace di smuovere le coscienze alla responsabilità e al pellegrinaggio dei credenti nei meandri dell'umanità:

> «Preferisco una Chiesa accidentata, ferita e sporca per essere uscita per le strade, piuttosto che una Chiesa malata per la chiusura e la comodità di aggrapparsi alle proprie sicurezze. Non voglio una Chiesa preoccupata di essere il centro e che finisce rinchiusa in un groviglio di ossessioni e procedimenti. Se qualcosa deve santamente inquietarci e preoccupare la nostra coscienza è che tanti nostri fratelli vivono senza la forza, la luce e la consolazione dell'amicizia con Gesù Cristo, senza una comunità di fede che li

accolga, senza un orizzonte di senso e di vita. Più della paura di sbagliare spero che ci muova la paura di rinchiuderci nelle strutture che ci danno una falsa protezione, nelle norme che ci trasformano in giudici implacabili, nelle abitudini in cui ci sentiamo tranquilli, mentre fuori c'è una moltitudine affamata e Gesù ci ripete senza sosta: "Voi stessi date loro da mangiare" (*Mc* 6,37)»[14].

I termini chiave della lettera a Leandro saranno la costante del tono colloquiale e intellettuale delle opere di Gregorio. Presto il Papa ebbe bisogno di lui, lo inviò come *apocrisario* (*suo ambasciatore*), presso l'imperatore bizantino a Costantinopoli. Dopo circa 7-8 anni ritornò a Roma e non fece a tempo di rientrare di nuovo nel monastero, che papa Pelagio II morì, per una peste, il 7 febbraio 590.

Il popolo acclamò subito Gregorio come Vescovo di Roma, ma egli non ne volle sapere e giocò la carta di non accettare finché non fosse arrivato il consenso dell'imperatore di Costantinopoli. Nel frattempo cercò di organizzare la comunità romana per far fronte ad una peste terribile. Arrivata la lettera di consenso dell'imperatore, il 3 settembre del 590, fu intronizzato solennemente come Vescovo di Roma[15].

L'opera di Gregorio come papa è animata da molteplici preoccupazioni politico-religiose: la difesa di Roma e dell'Italia dai Longobardi, il rapporto con l'Imperatore d'Oriente, soprattutto l'attività missionaria rivolta agli anglosassoni e alle popolazioni barbariche di stirpe germanica (proprio in ordine a questa missionarietà che si deve interpretare il lavoro liturgico della Chiesa gregoriana). Il monaco Gregorio si ritrova ad essere inserito nel turbinio delle problematiche del suo tempo che affronta con lucidità e umiltà. Lungi dall'essere un limite il suo rapporto con Dio coltivato nel silenzio e nel continuo rifugiarsi nello studio e nella preghiera – che accompagnano tutto il suo pontificato – questa dimensione contemplativa anima e sostiene la sua missione apostolica. In realtà lo spirito benedettino è completamente intriso di questa dinamica sospesa tra la terra e il cielo: l'"*ora et labora*" è un

[14] FRANCESCO, *Esortazione Apostolica Evangelii gaudium*, cit., n. 49.

[15] G. I. GARGANO, *Introduzione al libro II dei dialoghi di San Gregorio Magno.* Lezioni, http://www.camaldolesiromani.it/sito/documenti/articoli (consultato il 18 marzo 2014).

programma di vita cristiana dove l'*opus Dei* non è vista come una *fuga mundi*, bensì come aspetto totalizzante l'intera esperienza umana.

A tutto ciò Gregorio aggiunge nel suo stile la *romanitas* cioè quel senso della misura e della temperanza che lo guiderà in tutte le attività apostoliche e soprattutto nel senso che attribuiva al suo ministero petrino che, da una parte lo pone all'interno di quella linea che va da Leone Magno a Gregorio VII sulla potestà politico-religiosa del successore di Pietro; dall'altra, però, nell'espressione "servo dei servi di Dio", che lui preferiva, traluce un'idea del primato che ha le caratteristiche del servizio e non del dominio[16]. San Gregorio traghetta ormai la Chiesa verso le sponde del Medioevo dove si consolideranno le strutture del primato petrino e la sempre più forte concentrazione del potere politico con quello spirituale.

Se il progetto politico-ecclesiale gregoriano appare ormai consegnato alla storia del Medioevo e alle sue propaggini fino all'età moderna con l'avvento della secolarizzazione e la sempre crescente indifferenza e periferica collocazione della fede nell'alveo dell'individualità e di una Chiesa sempre più come piccolo gregge, questo ci porta a riflettere sulla frantumazione dell'universo del potere e della cultura nella contemporaneità: la fine dei blocchi contrapposti ereditati dalla Guerra Fredda ha creato una situazione geopolitica sempre più multipolare e frammentata, la democrazia rappresentativa è messa a dura prova dal *web*, nuove forme di cultura e di visioni del mondo intrise di nichilismo e non-senso si sostituiscono all'impero delle ideologie novecentesche. Anche questo nuovo panorama richiede un atteggiamento nuovo, un ripensamento dell'evangelizzazione, un'alfabetizzazione rispetto alle nuove concettualizzazioni che il presente suscita nell'interpretazione dei sentimenti, delle relazioni e delle letture del mondo: la postmodernità riscrive il nostro vocabolario perché si presenta soprattutto come ermeneutica di un universo di simboli non più illuminati da un'unica sorgente, ma legati alla volontà e alla tecnica umani.

---

[16]Cfr. J. LORTZ, *Storia della Chiesa*, Vol. I, San Paolo, Milano 1987, pp. 274-281.

Quale compito spetta alla Chiesa in questo snodo epocale dove gli "imperi" sono crollati e minuscoli regni si contendono il dominio e la tecnica assurge sempre di più a nuovo paradigma della verità?

San Gregorio propone la via dell'umiltà: che non è debolezza, ma la forza dell'ascolto, dell'interpretazione dei segni dei tempi e della capacità di essere Chiesa - rete, cioè una comunità di fede che si lascia coinvolgere in tutte le pieghe (e le piaghe) dell'umanità.

> «Il ruolo dell'*humilitas* nel pensiero di Gregorio non è fondamentale soltanto sul piano religioso ed etico-civile: essa diventa per lui il criterio stesso della verità, la norma ermeneutica che consente di distinguere tra i diversi usi possibili all'uomo degli strumenti conoscitivi elaborati dalla razionalità naturale. In pratica la stessa sottomissione delle arti liberali e di tutte le altre forme di sapere terreno, teorico e pratico, alla verità della Scrittura è regolata dal principio dell'umiltà come regola della vera sapienza»[17].

1.2 Le opere

Gli autori antichi sono "classici" perché in essi si realizza quella interdipendenza tra vita e arte. Negli scrittori cristiani questo binomio si arricchisce con l'esperienza della fede, con l'incontro cioè del Risorto. Lungi dall'essere, la fede cristiana, una dottrina o una magra consolazione rispetto alle problematiche della vita, essa ha attivato fin dall'inizio una grande riflessione filosofica, morale e, ovviamente, teologica. La fede cristiana nasce e si sviluppa continuamente nella risposta che essa stessa ha suscitato fin dalla vicenda terrena del Cristo, cioè: "Chi sono io per voi?".

La fede cristiana non è, infatti, la risultante di una riflessione dottrinale, metafisica e/o morale – anche se di questi ambiti epistomologici essa fa continuo utilizzo per chiarire a se stessa e agli altri la propria identità e missione nel mondo e nella storia – ma è l'adesione totale dell'uomo alla persona del Verbo Incarnato, unico e definitivo mediatore tra Dio e gli uomini, l'uomo Gesù Cristo.

---

[17] AA. VV., *Storia della teologia nel Medioevo. I principi*, Vol. II, Piemme, Torino 1996, p. 54.

Gesù consegna la domanda circa la sua identità "per noi" a tutte le generazioni cristiane. Gesù, infatti, è la relazione filiale al Padre ed è il relativo all'umanità: proprio in questa dinamica relazionale discende il senso del suo essere e del suo operare come di dimensioni assolutamente interagenti nell'unica persona del Verbo.

Se la fede, dunque, è il riconoscimento di una persona che si auto-dona, si auto-trasmette, si consegna all'uomo e richiama ciascuno ad entrare in questa novità di vita come di una dimensione più autentica del vivere riservata all'uomo come la cura a cui il Creatore ha destinato la sua creatura, allora il senso della domanda circa la fede acquista un valore decisivo circa il corrispondere del mio esser-ci al esser-ci di Cristo.

L'opera esegetica e teologica che ha impegnato i Padri è, dunque, un atto di fede prima che un lavorio intellettuale; per questo motivo la loro lettura e il loro esempio forniscono un nutrimento perenne al senso della fede di ogni generazione cristiana.

San Gregorio non è esente da questi aspetti, anzi li arricchisce con la sua cultura e la sua vita; le sue opere manifestano dunque il cammino di un uomo nel suo conformarsi a Cristo.

A questo punto, si può delineare l'opera letteraria di san Gregorio Magno:

> «Volendo passare in veloce rassegna queste opere, dobbiamo anzitutto notare che, nei suoi scritti, Gregorio non si mostra mai preoccupato di delineare una "sua" dottrina, una sua originalità. Piuttosto, egli intende farsi eco dell'insegnamento tradizionale della Chiesa, vuole semplicemente essere la bocca di Cristo e della sua Chiesa sul cammino che si deve percorrere per giungere a Dio. Esemplari sono a questo proposito i suoi commenti esegetici. Egli fu un appassionato lettore della Bibbia, a cui si accostò con intendimenti non semplicemente speculativi: dalla Sacra Scrittura, egli pensava, il cristiano deve trarre non tanto conoscenze teoriche, quanto piuttosto il nutrimento quotidiano per la sua anima, per la sua vita di uomo in questo mondo. Nelle *Omelie su Ezechiele,* ad esempio, egli insiste fortemente su questa funzione del testo sacro: avvicinare la Scrittura semplicemente per soddisfare il proprio desiderio di conoscenza significa cedere alla tentazione dell'orgoglio ed esporsi così al rischio di scivolare nell'eresia. L'umiltà intellettuale è la regola

primaria per chi cerca di penetrare le realtà soprannaturali partendo dal Libro sacro. L'umiltà, ovviamente, non esclude lo studio serio; ma per far sì che questo risulti spiritualmente proficuo, consentendo di entrare realmente nella profondità del testo, l'umiltà resta indispensabile. Solo con questo atteggiamento interiore si ascolta realmente e si percepisce finalmente la voce di Dio. D'altra parte, quando si tratta di Parola di Dio, comprendere non è nulla, se la comprensione non conduce all'azione. In queste omelie su Ezechiele si trova anche quella bella espressione secondo cui "il predicatore deve intingere la sua penna nel sangue del suo cuore; potrà così arrivare anche all'orecchio del prossimo". Leggendo queste sue omelie si vede che realmente Gregorio ha scritto con il sangue del suo cuore e perciò ancora oggi parla a noi. Questo discorso Gregorio sviluppa anche nel *Commento morale a Giobbe*. Seguendo la tradizione patristica, egli esamina il testo sacro nelle tre dimensioni del suo senso: la dimensione letterale, la dimensione allegorica e quella morale, che sono dimensioni dell'unico senso della Sacra Scrittura. Gregorio tuttavia attribuisce una netta prevalenza al senso morale. In questa prospettiva, egli propone il suo pensiero attraverso alcuni binomi significativi - *sapere-fare, parlare-vivere, conoscere-agire* -, nei quali evoca i due aspetti della vita umana che dovrebbero essere complementari, ma che spesso finiscono per essere antitetici. L'ideale morale, egli commenta, consiste sempre nel realizzare un'armoniosa integrazione tra parola e azione, pensiero e impegno, preghiera e dedizione ai doveri del proprio stato: è questa la strada per realizzare quella sintesi grazie a cui il divino discende nell'uomo e l'uomo si eleva fino alla immedesimazione con Dio. Il grande Papa traccia così per l'autentico credente un completo progetto di vita; per questo il *Commento morale a Giobbe* costituirà nel corso del medioevo una specie di *Summa* della morale cristiana. Di notevole rilievo e bellezza sono pure le *Omelie sui Vangeli*. La prima di esse fu tenuta nella basilica di San Pietro durante il tempo di Avvento del 590 e dunque pochi mesi dopo l'elezione al Pontificato; l'ultima fu pronunciata nella basilica di San Lorenzo nella seconda domenica dopo Pentecoste del 593. Il Papa predicava al popolo nelle chiese dove si celebravano le "stazioni" - particolari cerimonie di preghiera nei tempi forti dell'anno liturgico - o le feste dei martiri titolari. Il principio ispiratore, che lega insieme i vari interventi, si sintetizza nella parola "*praedicator*": non solo il ministro di Dio, ma anche ogni cristiano, ha il compito di farsi "predicatore" di quanto ha sperimentato nel proprio intimo, sull'esempio di Cristo che s'è fatto uomo per portare a tutti l'annuncio della salvezza. L'orizzonte di questo impegno è quello escatologico: l'attesa del compimento in Cristo di tutte le cose è un pensiero costante del grande Pontefice e finisce per diventare motivo ispiratore di ogni suo pensiero e di ogni sua attività. Da qui scaturiscono i suoi incessanti richiami alla vigilanza e all'impegno nelle buone opere. Il testo forse più organico di Gregorio Magno è la *Regola pastorale,* scritta nei primi anni di Pontificato. In essa Gregorio si propone di tratteggiare la figura del Vescovo ideale, maestro e guida del suo gregge. A tal fine egli illustra la gravità dell'ufficio di pastore della Chiesa e i doveri che esso comporta: pertanto, quelli che a tale compito non sono stati chiamati non lo ricerchino con superficialità, quelli invece che l'avessero assunto senza la debita riflessione sentano nascere nell'animo una doverosa trepidazione. Riprendendo un tema prediletto, egli afferma che il Vescovo è innanzitutto il "predicatore" per eccellenza; come tale egli deve essere innanzitutto di esempio agli altri, così che il suo comportamento possa costituire un punto di riferimento per tutti. Un'efficace azione pastorale richiede poi che egli conosca i destinatari e adatti i suoi interventi alla situazione di ognuno: Gregorio si sofferma ad illustrare le varie categorie di fedeli con acute e puntuali annotazioni, che possono giustificare la valutazione di chi ha visto in quest'opera anche un trattato di psicologia. Da qui si capisce che egli conosceva realmente il suo gregge e parlava di tutto con la gente del suo tempo e della sua città. Il grande Pontefice, tuttavia, insiste sul dovere che il Pastore ha di riconoscere ogni giorno la propria miseria, in modo che l'orgoglio non renda vano, dinanzi agli occhi del Giudice supremo, il bene compiuto. Per questo il capitolo finale della *Regola* è dedicato all'umiltà: "Quando ci si compiace di aver raggiunto molte virtù è bene riflettere sulle proprie insufficienze ed umiliarsi: invece di considerare il bene compiuto, bisogna considerare quello che si è trascurato di compiere". Tutte queste preziose indicazioni dimostrano l'altissimo concetto che san Gregorio ha della cura delle anime, da lui definita "*ars artium*", l'arte delle arti. La *Regola* ebbe grande fortuna al punto che, cosa piuttosto rara, fu ben presto tradotta in greco e in anglosassone. Significativa è pure l'altra opera, i *Dialoghi,* in cui all'amico e diacono Pietro, convinto che i costumi fossero ormai così corrotti da non consentire il sorgere di santi come nei tempi passati, Gregorio dimostra il contrario: la santità è sempre possibile, anche in tempi difficili. Egli lo prova narrando la vita di persone contemporanee o scomparse da poco, che ben potevano essere qualificate sante, anche se non canonizzate. La narrazione è accompagnata da riflessioni teologiche e mistiche che fanno del libro un testo agiografico singolare, capace di affascinare intere generazioni di lettori. La materia è attinta alle tradizioni vive del popolo ed ha lo scopo di edificare e formare, attirando l'attenzione di chi legge su una serie di questioni quali il senso del miracolo, l'interpretazione della Scrittura, l'immortalità dell'anima, l'esistenza dell'inferno, la rappresentazione dell'aldilà, temi tutti che abbisognavano di opportuni chiarimenti»[18].

Alla luce di questa panoramica che Papa Benedetto XVI fa di Gregorio ci sembra opportuno fare un ulteriore riferimento al duplice approccio che Gregorio stabilisce tra il testo sacro e l'uomo: Gregorio non inventa la verità, non ne fa oggetto di conquista: per lui la verità è una luce che si dispiega nella storia, è un dono, una *re-velatio*, cioè un riscoprire nella meraviglia di un incontro nuove connessioni tra le parole, nuove possibilità che si aprono al dialogo e alla conoscenza. Siamo ben lontani dalla concezione classica del filosofo come dalla asfittica sfiducia della modernità rispetto al raggiungimento del vero: Gregorio vive la verità e il suo raggiungimento nell'ottica della fede, quindi come illuminazione e dono. La verità non veste i panni di un concetto, ma è incontro con la persona di Cristo colui che dodicenne, nel tempio, interrogava e si lasciava raggiungere dal domandare dei dottori; colui che con la samaritana svolge una vera e propria maieutica di graduale riconoscimento del dono della fede che non presenta i tratti della semplice e arida speculazione, bensì ha le caratteristiche dell'amore. Gregorio, uomo e pastore della Chiesa, vive nel suo intimo la consapevolezza che il tesoro della verità non risiede nel forziere ben sigillato dell'individualità isolata tipica dell'uomo contemporaneo, ma nella tradizione vivente della comunità credente che ha vissuto nella storia concreta degli uomini il paradosso della fede:

> «Di sua natura la fede fa appello all'intelligenza, perché svela all'uomo la verità sul suo destino e la via per raggiungerlo. Anche se la verità rivelata è superiore ad ogni nostro dire ed i nostri concetti sono imperfetti di fronte alla sua grandezza ultimamente insondabile (cf. *Ef* 3, 19), essa invita tuttavia la ragione - dono di Dio fatto per cogliere la verità - ad entrare nella sua luce, diventando così capace di comprendere in una certa misura quanto ha creduto. La scienza teologica, che, rispondendo all'invito della voce della verità cerca l'intelligenza della fede, aiuta il Popolo di Dio, secondo il comandamento dell'apostolo (cf. *1 Pt* 3, 15), a rendere conto della sua speranza a coloro che lo

[18] BENEDETTO XVI, *Udienza generale del 4 giugno 2008.*

richiedono. Il lavoro del teologo risponde così al dinamismo insito nella fede stessa: di sua natura la Verità vuole comunicarsi, perché l'uomo è stato creato per percepire la verità, e desidera nel più profondo di se stesso conoscerla per ritrovarsi in essa e per trovarvi la sua salvezza (cf. *1 Tm* 2, 4). Per questo il Signore ha inviato i suoi apostoli perché facciano «discepole» tutte le nazioni e le ammaestrino (cf. Mt 28, 19s.). La teologia, che ricerca la «ragione della fede» ed a coloro che cercano offre questa ragione come una risposta, costituisce parte integrante dell'obbedienza a questo comandamento, perché gli uomini non possono diventare discepoli se la verità contenuta nella parola della fede non viene loro presentata (cf. *Rm* 10, 14s). La teologia offre dunque il suo contributo perché la fede divenga comunicabile, e l'intelligenza di coloro che non conoscono ancora il Cristo possa ricercarla e trovarla. La teologia, che obbedisce all'impulso della verità che tende a comunicarsi, nasce anche dall'amore e dal suo dinamismo: nell'atto di fede, l'uomo conosce la bontà di Dio e comincia ad amarlo, ma l'amore desidera conoscere sempre meglio colui che ama. Da questa duplice origine della teologia, iscritta nella vita interna del Popolo di Dio e nella sua vocazione missionaria, consegue il modo con cui essa deve essere elaborata per soddisfare alle esigenze della sua natura»[19].

Una luce fortemente esistenziale e pastorale anima gli scritti di Gregorio Magno: nelle pieghe dei suoi libri traspare la sua sofferenza e quella della Chiesa sballottata nei flutti tempestosi della storia. La sua ricerca è tesa a scoprire nella Sacra Scrittura il senso della storia e delle vicende degli uomini secondo una logica nascosta dove i vari commentari costituirebbero l'*exitus Dei* verso l'uomo, mentre i Dialoghi e le altre opere pastorali risulterebbero come il *reditus hominum Deo*. La Sacra Scrittura non è, dunque, lettera morta, ma rivive in osmosi con la vita pratica degli uomini e con la comunità ecclesiale[20].

---

[19] CONGREGAZIONE PER LA DOTTRINA DELLA FEDE, *Donum veritatis. Sulla vocazione ecclesiale del teologo*, 24 maggio 1990, nn. 6-7.

[20] Cfr. BENEDETTO XVI, *Udienza generale* del 26 aprile 2006: «La Tradizione non è trasmissione di cose o di parole, una collezione di cose morte. La Tradizione è il fiume vivo che ci collega alle origini, il fiume vivo nel quale sempre le origini sono presenti. Il grande fiume che ci conduce al porto dell'eternità. Ed essendo così, in questo fiume vivo si realizza sempre di nuovo la parola del Signore, che abbiamo sentito all'inizio dalle labbra del lettore: "Ecco, io sono con voi tutti i giorni, fino alla fine del mondo" (*Mt* 28,20)». Cfr. G. I. GARGANO, *Il sapore dei Padri della Chiesa nell'esegesi biblica. Una introduzione*, San Paolo, Milano 2009, p. 313: «I Padri interrogavano la Bibbia restando all'interno di una sostanziale unitarietà di fondo ricevuta e custodita dalla tradizione. Ma quest'ultima non si identificava affatto con la ripetizione meccanica di una qualsivoglia forma delle proposte di fede ricevute e trasmesse di generazione in generazione. Essa veniva invece percepita come lo spazio in cui contenuto e contenitore della Parola di Dio

Nelle opere di san Gregorio, come si è già avuto modo di accennare, c'è un filo rosso che, ermeneuticamente, collega tutti i suoi scritti: un'escatologia dal tono fortemente apocalittico.

La *fuga mundi* che anima il primo monachesimo e, allo stesso tempo, le calamità del tempo presente fomentano sempre di più un senso di precarietà che si cerca di descrivere e interpretare come i segni dell'avvento ormai prossimo del Signore: «Con i valori della contemplazione e pietà verso i misteri della vita di Gesù, la spiritualità monastica evidenzia non poco quelli della consumazione escatologica. La devozione ai misteri della gloria si inquadra, infatti, nella forte tensione di questa spiritualità al cielo e alla Gerusalemme futura, conducendo il credente ad alimentare il desiderio di abitare le regioni celesti (*in caelestibus habitemus*)»[21].

Il monastero ha come unica apertura quella verso il cielo e il chiostro non fa altro che riconsegnare, in prospettiva immediata e per la contemplazione, l'ordine del cielo, la Città di Dio che vive come segno e speranza nel microcosmo del monastero.

L'escatologia nel cristianesimo non è semplicemente un tema riservato al futuro, ma investe l'agire della Chiesa e la sua missione nel mondo, nonché l'identità del Cristo e la sua centralità nella vita del cristiano: «Nella concezione cristiana della storia, l'escatologico che si va in essa maturando verso il suo definitivo compimento è proprio la salvezza dell'uomo intesa in un senso più ampio di quello rappresentato dall'opera con cui Dio porta a superare i suoi limiti ontici ed etici sollevandolo a una condizione di esistenza nuova che trascende il secolo presente dominato dalla colpa e dalla corruzione del dolore della morte, in un nuovo eone (secolo futuro) in cui egli potrà vivere in una condizione di eternità e di incorruttibilità. [...] L'escatologia cristiana non è il futuro che rinnega il presente del mondo, ne è solo la contropartita con cui Dio rimedia alla frattura aperta, nella storia, dal peccato del mondo»[22], ma è il coinvolgimento dell'esistenza credente, dell'essere della Chiesa e dell'Esser-ci della Trinità rispetto al mondo e all'uomo. La stessa opera missionaria non è che lo

---

si rendevano presenti nella storia richiamandosi contemporaneamente al dato iniziale costituito dalla venuta di Cristo e al dato finale del suo ritorno glorioso».

[21] M. BORDONI – N. CIOLA, *Gesù nostra speranza. Saggio di escatologia in prospettiva trinitaria*, EDB, Bologna 2000, p. 105.

[22] *Ivi*, pp. 175-176.

specchio della necessità della conversione del mondo intero a Cristo perché tutti gli uomini possano essere pronti al grande incontro finale.

Gregorio è l'uomo dell'ascolto umile della Parola e il pastore invischiato nelle vicende terrene. Lo immaginiamo con un occhio proteso al cielo da cui provengono misura, ordine e giustizia e con l'altro attento alle vicende della storia che si dipanano davanti a lui. In questa duplicità l'escatologia apocalittica dei suoi scritti diventa profezia che è lo stare nel mondo con lo sguardo e il cuore rivolti a Dio. Nell'Omelia tenuta in occasione della festa di un santo martire afferma:

> «Se riflettiamo com'è importante e grande ciò che vien promesso nel cielo, tutto quello che vediamo sulla terra perde valore ai nostri occhi. Infatti tutti i beni temporanei, se confrontati con la beatitudine eterna, non sono più sollievo, ma peso opprimente. E la vita nel tempo, se paragonata con quella eterna, merita di essere chiamata piuttosto morte che vera vita. Il disfacimento quotidiano del corpo caduco, che altro è se non una morte prolungata? Quale lingua può esprimere, e quale intelligenza può capire come sia grande la gioia di quelle celesti dimore, ove si vive uniti ai cori angelici, ove si partecipa, con tutti gli spiriti beati, alla gloria del Creatore, si contempla il volto di Dio, si vede una luce sconfinata, non si è angosciati dal timore della morte e ci si può allietare di un'immortalità che dura in eterno? Di fronte a questa raffigurazione, l'anima si accende di brame ardenti: essa vorrebbe essere già lassù, dove spera di godere senza fine. Ma una grande ricompensa si raggiunge solo con un forte lavoro; per questo Paolo, eccellente maestro, dice: Nessuno ottiene la corona della vittoria, se non lotta secondo le regole (2Tim. 2,5). Se dunque vi stimola la grande ricompensa, non dovete paventare la dura lotta»[23].

La crisi dell'evangelizzazione - che si constata ormai da un trentennio - è anche crisi della dimensione profetica ed escatologica della Chiesa: profezia ed escatologia, infatti, camminano insieme come le due ali attraverso le quali la Chiesa può proporsi al mondo come segno e speranza di cambiamento.

L'allentamento di queste dimensioni – all'origine coessenziali alla predicazione e alla riflessione della comunità credente – porta con sé la possibilità della mondanizzazione e dell'aridità spirituale, che diventa mancanza di slancio e di

[23] G. MURA, (ed) *La teologia dei Padri, Testi dei padri latini greci orientali scelti e ordinati per temi,* Vol. 4, Città Nuova, Roma 1982, p. 333.

coraggio: invece, il Signore richiede ai suoi discepoli un continuo cambiamento: “Andiamo all’altra riva” (Mc 4, 35), è un ritornello frequente nei vangeli ed interviene quando il successo o la paura invadono il cuore dei discepoli.

Gregorio Magno attraversa continuamente il mare della storia, si immerge nei suoi flutti, per la passione che lo lega alla esorti dell’uomo e per la certezza nella promessa che Gesù fa a Pietro – e alla Chiesa – di rimanere sempre con lui.

CAPITOLO II

L'arte della predicazione

In questo capitolo saranno affrontati due argomenti tra loro correlati: il primo è il concetto di "arte" applicato alla predicazione omiletica in connessione con l'*ars rethorica* del mondo classico onde individuarne concordanze e novità; il secondo risvolto è cristologico, cioè tenterà di individuare nella persona e nell'esempio di Gesù il modello paradigmatico del predicatore; rappresentano un preambolo necessario alla riflessione conclusiva circa il ritratto che Gregorio Magno tratteggia del predicatore.

Più in generale però questa parte affronta, seppure nell'angolatura del linguaggio e del suo uso retorico e, poi, omiletico, una tematica ben più vasta che è quella che attiene il complesso rapporto tra paganesimo e cristianesimo.

Un problema quanto mai vasto, inesauribile, eppure interessante ogni qualvolta che si cerca di stabilire la specificità del cristianesimo e l'orizzonte culturale e umano che ha saputo realizzare nel tempo.

In linea generale le problematiche del rapporto tra mondo antico pagano e cristianesimo delle origini rappresentano le costanti di un dibattito che di volta in volta si è costituito nella storia della civiltà dell'Occidente: a volte si è realizzato un reciproco atteggiamento di esclusione, poi di diffidenza, di confronto acceso, infine di dialogo e poi nuovamente l'esclusione reciproca. Ad ogni modo questo confronto parla di noi, dell'uomo occidentale, del suo modo di vedere la vita e la propria *Weltanschaung*.

La logica del confronto con il mondo culturale in cui si è innestata una novità quale è quella del cristianesimo nel mondo ebraico, ellenistico e romano, ha un sapore evangelico perché già Gesù e la Chiesa apostolica hanno dovuto stabilire limiti, confini e ragioni di fondo rispetto alla mentalità ebraica da cui prendevano le mosse. Nell'epoca di Gregorio, e successivamente, si ripresenterà, seppure a parti rovesciate, la questione dell'incontro-scontro tra mondo cristianizzato e popolazioni barbariche che gravitavano fuori dall'influenza di Roma e del suo impero.

La logica dello scriba che "trae dal suo tesoro cose antiche e cose nuove" (Mt 13, 52) può essere, nei limiti di questo studio, una chiave ermeneutica interessante per leggere l'atteggiamento che il cristianesimo ha attuato rispetto alle civiltà coeve: oggi la Chiesa vive profondamente il dramma di una scissione tra cultura e Vangelo[24]: sembra che i due territori siano totalmente indifferenti il primo arroccato nei propri risultati conseguiti alla luce di una ragione tecnico-scientifica che fa a meno dell'uomo e di Dio; l'altra che stenta a ritrovare quei *semina Verba* che – per quanto lontana – la civiltà pagana offriva come punti d'appoggio (la ricerca della verità, il dibattito sul divino, la visione dell'uomo, ecc ...) per la missione evangelizzatrice.

Siamo di fronte ad una nuova epoca del pensiero che rinuncia a pensare e a ricercare la verità: questo pone un serio dilemma alla fede cristiana chiamata sempre a "dare ragione della speranza" (1 Pt 3,15). Questo richiamo dell'apostolo vale sempre e anche oggi.

Dunque lo scriba è l'icona di una possibilità che si può presentare alla Chiesa odierna impegnata nuovamente a riprendere spazi e a "occuparne" di nuovi: pazienza, lavoro certosino, grande capacità di discernimento, spirito di servizio e di autentica testimonianza, sono i connotati di una nuova fase di evangelizzazione che è sempre una crisi, cioè un evento di ri-ascolto e di ri-appropriazione del tempo e della storia in cui si svolge la salvezza.

Gregorio ha saputo unire cultura e missione attraverso la virtù della carità e di un profondo spirito di servizio: il Signore nel Vangelo di Giovanni afferma che "vi riconosceranno dall'amore che avrete gli uni per gli altri" (Cfr. Gv 13,34-35). Non

---

[24] Cfr. PONTIFICIO CONSIGLIO DELLA CULTURA, *Per una pastorale della cultura*, 23 maggio 1999: «La rottura tra Vangelo e cultura è senza dubbio il dramma della nostra epoca. Occorre quindi fare tutti gli sforzi in vista di una generosa evangelizzazione della cultura, più esattamente delle culture. Esse devono essere rigenerate mediante l'incontro con la Buona Novella. Per far questo, è necessario annunciare il Vangelo nel linguaggio e nella cultura degli uomini. Questa Buona Novella si rivolge alla persona umana nella sua complessa totalità, spirituale e morale, economica e politica, culturale e sociale. La Chiesa non esita, perciò, a parlare di evangelizzazione delle culture, vale a dire delle mentalità, dei costumi, dei comportamenti. La nuova evangelizzazione richiede uno sforzo lucido, serio e ordinato per evangelizzare la cultura».

un'adesione dogmatico-dottrinale o moralistica spinge l'uomo a Cristo e al suo Vangelo, ma lo splendore dell'amore che come luce rivela il cuore dell'uomo e lo attira al bene e alla verità in cui si riconosce il volto di Cristo in cui

"dentro da sé, del suo colore stesso,
mi parve pinta de la nostra effige:
per che 'l mio viso in lei tutto era messo"[25].

2.1 Dalla retorica classica alla predicazione cristiana

L'omelia deve favorire una comunicazione esegetica ed ermeneutica non solo in riferimento alla Parola ascoltata, ma altresì in riferimento all'ambiente culturale nel quale i fedeli vivono per una comprensione attualizzata di ciò che Dio dice alla comunità credente, nell'intento di saldare eventuali fratture e creare efficaci e concreti legami tra fede e vita. Nel discorso omiletico debbono trovare espressione ed essere riassunti il discorso teologico-biblico, la struttura della comunicazione, il nuovo linguaggio, immagine ed emozione, affettività e intelletto, cambiamenti socio-culturali e prassi della vita cristiana letta nella indefettibilità e immutabilità del deposito della fede: tutte queste caratteristiche le vedremo presenti nell'opera gregoriana e nel profondo significato teorico e pratico che egli assegna alla predicazione.

Secondo la concezione gregoriana la predicazione è l'arte per eccellenza del ministero pastorale[26]. Essa, infatti, svolge un fine eminentemente pratico imbevuto, però, della riflessione e della preghiera sulla Sacra Scrittura nonché sulla natura umana. Soprattutto quest'ultimo aspetto diventa l'elemento più interessante e "moderno" della visione gregoriana.

---

[25] DANTE ALIGHIERI, *Divina Commedia. Paradiso*, Canto XXXIII, v. 132.

[26] GREGORIO DI NAZIANZO in *Il sacerdozio*, afferma: «Mi sembra davvero l'arte delle arti e la scienza delle scienze reggere l'uomo, che è l'essere più vario e complesso. Uno se ne può rendere conto confrontando la cura dei corpi con quella delle anime, riflettendo quanto questa sia più laboriosa, quanto maggior impegno da noi richieda e quanto più importanti siano la materia da trattare, l'arte richiesta e il fine dell'opera» (G. MURA, (ed) *La teologia dei Padri, Testi dei padri latini greci orientali scelti e ordinati per temi,* Vol. 4, Città Nuova, Roma 1982, p. 120).

Cosa intendiamo col termine "ars" quando facciamo riferimento alla predicazione?

"*Ars*" traduce il greco *τέχνη*, cioè abilità, attività umana regolata da procedimenti tecnici. In rapida sintesi il concetto unifica sia l'aspetto contenutistico che estetico-formale per cui, ben presto, nella storia di questo concetto si è di volta in volta operato una dialettica tra forma e contenuto sfociata poi nel XVII secolo con il distacco dell'*Ars* dalla *Scientia* allorché quest'ultima ha privilegiato l'aspetto tecnico-esperienziale relegando l'altra a funzione meramente estetico-soggettivistica.

Nell'antichità però non era così. Entrambi gli aspetti – formali e contenutistici – erano in simbiosi. Il mondo classico, orizzonte ermeneutico-storico dell'esperienza cristiana, ha fornito a quest'ultima tutto il proprio patrimonio concettuale a partire dal quale è avvenuta una rilettura in chiave cristiana che ha modificato o addirittura stravolto il significato originario.

L'*ars praedicandi* può essere il risvolto cristiano dell'*ars horatoria* ma non senza scosse e riletture: «All'interno della cultura classica aveva preso corpo, a partire dal II secolo dell'era volgare, l'opposizione fra la tradizione pagana e la nascente teologia del cristianesimo. Principali motivi di rilievo: 1) sui piani giuridico e dialettico, l'eloquenza combattiva degli apologisti; 2) sul piano della comunicazione, l'antiretorica del *sermo humilis* evangelico»[27].

> «Nella vita quotidiana della società greco-romana gli oratori occupavano un posto notevole: tenevano discorsi in occasioni delle visite di personaggi importanti, dell'inaugurazione di una opera d'interesse comune, dell'arrivo di delegazioni imperiali, di funerali pubblici ed anche e soprattutto di declamazioni scolastiche, valutate come spettacoli. La retorica classica distingue tre generi oratori: il *genus iudiciale*, il *genus deliberativum*, il *genus demonstarativum*. Il primo si effettuava come *accusatio* o *defensio* davanti al tribunale, riferendosi a fatti passati. Il secondo si svolgeva davanti a una assemblea a cui si davano consigli per il futuro. Il terzo, infine, il genere di apparato, comprendeva elogi o biasimi. Si aggiungano ancora due particolari: tre funzioni, il *docere*, il *movere* ed il *delectare*, venivano rispettivamente attribuite ai tre generi oratori. Ora gli oratori cristiani ripresero questo diversi generi, praticati fra l'altro nelle declamazioni scolastiche, adattandoli alle

[27] B. MORTARA GARAVELLI, *Manuale di retorica*, Bompiani, Milano 2010, p. 39.

esigenze dell'annuncio della fede. Si ritrova infatti il *genus iudiciale* o la controversia nei discorsi dottrinali, anzitutto nelle apologie. Il *genus deliberativum* s'incontra nei discorsi morali, nelle esortazioni e parenesi. Il *genus demonstrativum* o epidittico viene adoperato in occasione delle feste dei martiri e dei santi, ma anche nelle grandi feste liturgiche»[28].

La predicazione cristiana pur assumendo al proprio interno, come si è visto, le forme del genere oratorio, nei fatti però si va realizzando un nuovo soggetto dell'*Ars eloquendi* che è appunto il *Praedicator*, il quale – non solo è chiamato a conoscere le regole stilistiche della retorica classica – ma è sempre più un'esegeta che sottomette e sottopone regole e stili alla comprensione della Parola di Dio e all'annuncio. Emblematico il pensiero di Agostino sulla retorica che ben riflette la novità del cristianesimo nel recepire le istanze del mondo antico:

> «In quegli anni insegnavo retorica: vinto cioè dalla mia passione, vendevo chiacchiere atte a vincere cause. Tuttavia preferivo, *Signore, tu sai,* avere allievi buoni nel vero senso della parola, e a loro senza inganno insegnavo inganni utili non a perdere un innocente, ma a salvare talvolta un reo. E tu, Dio, di lontano vedesti vacillare sul viscidume la mia buona fede ed emettere tra denso fumo qualche sprazzo di luce. Io la offrivo nel mio insegnamento a persone che amavano *la vanità* e cercavano *la menzogna*, senza essere diverso da loro»[29].

La consapevolezza dell'uomo di fede chiamato a professare, ricercare e trasmettere la verità che è il *Logos* di Dio pone la retorica cristiana in un alveo nuovo dove le parole sono a loro volta chiamate a dare voce alla Parola che viene dal silenzio per l'edificazione di tutti gli uomini:

> «Ci sono però alcuni che ciò fanno senza mordente, in maniera sgraziata e con freddezza, mentre altri con mordente, in maniera elegante e con vigore. Ebbene, all'opera di cui ci stiamo occupando deve accedere colui che è in grado di trattare o dire la cosa con sapienza, anche se non può farlo con eloquenza, di modo che rechi giovamento agli uditori, sebbene si tratti di un giovamento minore di quello che avrebbe conseguito se avesse saputo parlare anche con

---

[28] AA. VV., *Storia della teologia. Epoca patristica*, Vol. I, Piemme, Casale Monferrato 1993, p. 354.
[29] AGOSTINO DI IPPONA, *Le confessioni*, Piemme, Casale Monferrato 1993, 4, 2, 2.

eloquenza. Chi poi abbonda di eloquenza fasulla, lo si deve evitare con tanto maggiore cura quanto più l'uditore prova gusto nell'ascoltare da lui ciò che è inutile e, siccome sente che dice le cose con facondia, ritiene che parli anche conforme a verità. Questa norma non ignorarono nemmeno coloro che si accinsero ad insegnare la retorica, i quali riconobbero che, se la sapienza senza l'eloquenza giova poco alle comunità cittadine, l'eloquenza senza la sapienza il più delle volte nuoce moltissimo, certo non giova mai»[30].

L'amore per la verità, quindi, sta alla base dell'oratoria cristiana. La tecnica stilistica e l'eloquenza sono funzionali all'insegnamento e alla capacità di permettere all'uditorio di ascoltare e rimanerne edificato. La predicazione non deve commettere peccato di *ὕβρις*, di tracotanza e superbia, ma deve essere obbediente, cioè *ob-audire*, ascoltare ciò che proviene da sotto, oltre e in fondo alla parola, cioè il silenzio[31].

Fondamentale e carico di novità è il contesto liturgico-rituale della predicazione cristiana: «In un certo senso, *l'ermeneutica della fede riguardo alla sacra Scrittura deve sempre avere come punto di riferimento la liturgia*, dove la Parola di Dio è celebrata come parola attuale e vivente: La Chiesa segue fedelmente nella liturgia quel modo di leggere e di interpretare le sacre Scritture, a cui ricorse Cristo stesso, che a partire dall''oggi' del suo evento esorta a scrutare tutte le Scritture»[32].

Accanto a questa dimensione liturgica che garantisce un incontro vivo con Dio e la sua opera di salvezza non si può tralasciare l'elemento dell'assemblea che non è – come nell'oratoria antica – spettatrice di un fatto comunque al lei quantomeno estraneo, ma è l'altro elemento ermeneutico-esperienziale dell'efficacia della Parola: «L'assemblea è il luogo privilegiato di questa sua presenza, nella proclamazione della

[30] AGOSTINO DI IPPONA, *La dottrina cristiana*, in *Opera omnia di Sant'Agostino*, Vol. 8, Città Nuova, Roma 1993, 4, 5, 7.
[31] Cfr. B. FORTE, *Teologia della storia. Saggio sulla rivelazione, l'inizio e il compimento*, San Paolo, Milano 1991, p. 63: «Ciò che sta prima nella conoscenza rivelata è la Parola: credere è assentire al Verbo uscito dall'eterno Silenzio. La fede nasce dall'ascolto (cfr. Rm 10,17). L'ascolto, però, intanto è possibile, in quanto nella storia si è compiuto l'evento della parola, che è il Cristo. L'obbedienza della fede non è che l'ascolto profondo (*oboedienza* da *ob-audio* = *υπακοή*), l'ascolto di ciò che sta sotto e oltre rispetto alla parola immediatamente udita. [...] Chiamando questo "al di là" della Parola col nome di Silenzio, si potrebbe affermare che la vera accoglienza della parola del Cristo è l'ascolto del Silenzio che la supera e da cui proviene».
[32] BENEDETTO XVI, *Verbum Domini*, cit., n. 52.

parola e nella celebrazione eucaristica. In effetti, la parola di Dio è intimamente legata alla convocazione dell'assemblea»[33].

Come abbiamo visto sono tante le distinzioni che si sono realizzate nel passaggio dall'oratoria antica alla predicazione cristiana: un contenuto fortemente teologico e rivelativo anima quest'ultima che, man mano, col passare del tempo, a causa del graduale distacco dalla Parola biblica dopo i secoli del Concilio di Trento, l'omiletica cristiana è ritornata ad essere retorica moraleggiante perdendo i suoi caratteri costitutivi (liturgia, popolo, parola) che il Vaticano II e tutta la tradizione biblico-liturgica dall'Ottocento in poi hanno recuperato ripartendo proprio dalle esperienze dei primi secoli della Chiesa e dall'omiletica esegetica dei Padri.

2.2 Gesù omileta del Padre

Chino Biscontin, in dialogo con il dato scritturistico e il magistero della Chiesa, afferma:

«Il termine "omelia" deriva dal verbo greco *homileō*, usato solo negli scritti del terzo evangelista (2 volte in *Luca* e 2 volte in *Atti*), che non significa soltanto il parlare, ma comprende sempre anche l'aspetto della relazione sociale nella forma della comunione, sino al punto che *homilia,* termine non usato nel N. T., significa: *relazione, rapporto, compagnia, convivenza.* E' con i Padri greci, a iniziare da S. Ignazio di Antiochia, che il termine assume il significato di *predicare.* L'omelia viene così qualificata come un discorso pubblico che avviene in un contesto di comunione di fede o, se si vuole, la comunione nella fede che si esprime e si nutre mediante la predicazione.

La natura dell'omelia è stata precisata dal Vaticano II, in particolare nella *Sacrosantun Concilium*[34]. Al n. 7 afferma: "Cristo è sempre presente nella sua

---

[33] AA. VV., *Anàmnesis, III/2, Eucaristia. Teologia e storia della celebrazione*, Marietti, Genova 2007, p. 196.

[34] E. LORA (ed.), *Costituzione Dogmatica Sacrosanctum Concilium*, Enchiridion Vaticanum 1. Documenti del Concilio Vaticano II, EDB, Bologna 1985.

Chiesa, in modo speciale nelle azioni liturgiche. (...) E' presente nella sua parola, giacché è lui che parla quando nella Chiesa si legge la Sacra Scrittura".
Dal contesto dell'intero documento si deduce che l'affermazione della presenza di Cristo non riguarda unicamente la proclamazione dei testi scritturistici, ma l'intera Liturgia della Parola, compresa l'omelia.

Al n. 24 si legge: "Nella celebrazione liturgica la Sacra Scrittura ha una importanza estrema. Da essa infatti si attingono le letture che vengono poi spiegate nell'omelia".

E al n. 35: "Questa (la predicazione omiletica) poi attinga anzitutto alla sorgente della Sacra Scrittura e della liturgia, come annunzio delle mirabili opere di Dio nella storia della salvezza ossia nel mistero di Cristo, mistero che è in noi sempre presente e operante, soprattutto nelle celebrazioni liturgiche".

Infine, al n. 52: "Si raccomanda vivamente l'omelia, come parte della stessa liturgia; in essa, nel corso dell'anno liturgico, vengono presentati, dal testo sacro i misteri della fede e le norme della vita cristiana. Anzi nelle messe della domenica e delle feste di precetto celebrate con partecipazione di popolo, l'omelia non si ometta se non per grave motivo".

L'esperienza caratterizzante il rapporto con Dio testimoniato dalla Scrittura non è anzitutto la contemplazione del suo mistero, ma l'ascolto della sua parola. Per questo il precetto religioso capitale del popolo di Dio è: "Ascolta, Israele!" (Dt 6,4). Il Dio della Scrittura è un Dio che interviene nell'esistenza degli uomini mediante la sua parola. È evidente che gli attributi personali di Dio vengono così messi in pieno risalto e in particolare la sua libertà personale sovrana. La storia diventa il luogo dell'appuntamento privilegiato tra Dio e il suo popolo, perché è il luogo in cui la libertà personale può lasciare la traccia della sua iniziativa. Ciò a differenza delle religioni mitologiche, che vedevano nella natura il luogo della manifestazione di un mistero divino i cui tratti personali rimanevano piuttosto vaghi, e nella storia il realizzarsi di un destino impersonale non modificabile.

Nel Nuovo Testamento Gesù non solo è colui che, più grande di tutti i profeti, pronuncia la parola suprema di Dio, ma è la parola e la sapienza stessa di Dio diventata uomo in mezzo a noi nella potenza dello Spirito. In Gesù il *Logos*, parola sapiente di Dio, si rende visibile, avvertibile, afferrabile dagli uomini. Nella vicenda storica dell'uomo Gesù, Dio stesso si è espresso in maniera insuperabile perché completa e definitiva. Il significato del rapporto tra Dio e noi mediante la sua parola giunge così al suo esito definitivo, quello di una comunicazione personale che diventa comunione tra Dio e gli uomini, così che negli uomini scorre la vita stessa di Dio mediante il suo Spirito»[35].

L'evangelista Luca descrive gli inizi della predicazione di Gesù nelle sinagoghe (Lc 4,15) e mostra il Risorto che spiega le Scritture ai discepoli (Lc 24,44). Gesù è l'esegeta, l'ermeneuta del Padre per questo la sua parola ha autorità sugli uomini e la natura stessa: «L'insegnamento di Gesù non proviene da un apprendimento umano, qualunque possa essere. Viene dall'immediato contatto con il Padre, dal dialogo "faccia a faccia", dalla visione di Colui che è "nel seno del Padre". È parola del Figlio. Senza questo fondamento interiore sarebbe temerarietà»[36].

La predicazione di Gesù riguarda l'avvento del Regno e le sue caratteristiche. Il Regno che Gesù inaugura con la parola e i gesti (miracoli, accoglienza dei peccatori, vicinanza ai lontani, compimento della Legge antica, il perdono, ecc ...) ha aspetti poliedrici riconducibili all'escatologia profetica, cioè ad un'attesa sospesa tra il "già e il non ancora" che richiede però una scelta radicale da parte di chi lo accoglie nella propria vita.

Nel Vangelo di Giovanni il Regno non è citato, ma l'accento cade sulla persona di Gesù e sul suo rapporto con il Padre: Gesù trasmette realmente la parola di Dio, perché dice e fa ciò che ha visto e ascoltato (Gv 3,11.32; 8,38.40; 15,15; Ap 3,14). Il suo messaggio – solo apparentemente in dissonanza con quello dei sinottici – è proteso a manifestare la relazione col Padre e la possibilità di accedere per il discepolo-amico alla vita intratrinitaria. Il messaggio di Cristo non è una semplice informazione, ma nel donarsi della Parola vi è la consegna del messaggero stesso;

---

[35] C. BISCONTIN, *Breve corso sulla predicazione omiletica*, http:www.bz-bx.net/bolzano/allegati/23735/BREVE%20CORSO%20sulla%20predicazione.pdf (consultato il 20 marzo 2014).
[36] J. RATZINGER, *Gesù di Nazaret*, Rizzoli, Milano 2007, p. 27.

questo fa sì che l'ascolto nel cuore de credente avvii una trasformazione interiore, una necessità amorosa di conversione, uno gioia di comunicare un'esperienza vitale e non un arido contenuto dottrinale.

Come nell'episodio della samaritana (Gv 4) la donna – introdotta man mano nel mistero di Cristo più con legami d'amore che con l'eloquenza delle parole – si trasforma in mediatrice[37] di un incontro nuovo con Dio e per ciascuno diverso. La samaritana, abbandonata la brocca, diventa essa stessa contenitore della Parola: dispensatrice del messaggio divino la samaritana provoca l'incontro della gente con il maestro affinché possa fare a sua volta esperienza che è sempre unica e personale per ciascuno, al punto che la folla può affermare: «Non è più per i tuoi discorsi che noi crediamo, ma perché noi stessi abbiamo udito e sappiamo che questi è veramente il salvatore del mondo» (Gv 4, 42).

La predicazione di Cristo, quindi, si staglia come un *unicum* impareggiabile poiché possiede una *exousia*, un'autorità che proviene dal suo essere divino e dal suo relazionarsi con il padre e lo Spirito Santo: la sua predicazione è una rivelazione quindi un segno velato-svelato della sua persona divina che suscita stupore e

[37] Cfr. AGOSTINO DI IPPONA, *Commento al Vangelo di Giovanni*, in *Opera omnia di sant'Agostino*, Vol. XXIV/1, Città Nuova, Roma 1968, 15, 6-7: «*Arriva una donna*. E' figura della Chiesa, non ancora giustificata, ma già in via di essere giustificata: questo il tema della conversazione. Arriva senza sapere nulla e trova Gesù, il quale attacca discorso con lei. Vediamo su che cosa e con quale intenzione. *Arriva una donna samaritana ad attingere acqua* (Gv 4, 7). I Samaritani non appartenevano al popolo giudeo: erano stranieri, benché abitassero una terra vicina. Sarebbe lungo raccontare l'origine dei Samaritani; per non diffonderci troppo, magari trascurando il necessario, vi basti sapere che i Samaritani erano stranieri. Non vi sembrerà arbitraria questa mia affermazione, se tenete conto di quanto lo stesso Signore Gesù dice a proposito di quel samaritano, uno dei dieci lebbrosi che egli aveva mondati, e che fu il solo a tornare indietro per ringraziarlo: *Non sono stati mondati dieci? E gli altri nove dove sono? Non si è trovato uno che tornasse per dare gloria a Dio al di fuori di questo straniero?* (Lc 17, 17-18). E' significativo il fatto che questa donna, che rappresentava la Chiesa, provenisse da un popolo straniero per i Giudei: la Chiesa infatti sarebbe sorta dai Gentili, che per i Giudei erano stranieri. Ascoltiamo, allora, noi stessi in lei, in lei riconosciamoci e in lei rendiamo grazie a Dio, per noi. Ella infatti era una figura, non la verità: prefigurava la verità che lei stessa diventò; poiché credette in colui che voleva farne la figura di noi. Dunque, *viene ad attingere acqua.* Era venuta soltanto per attingere acqua, come son soliti fare gli uomini e le donne. *Gesù le dice: Dammi da bere. I suoi discepoli erano andati in città per acquistare provviste. La donna samaritana, dunque, gli dice: Come mai tu, che sei giudeo, chiedi da bere a me che sono una donna samaritana? I Giudei, infatti, non sono in buoni rapporti con i Samaritani* (Gv 4, 7-9). Ecco la prova che i Samaritani erano stranieri. I Giudei non si servivano assolutamente dei loro recipienti; e la donna, che portava con sé un recipiente per attingere l'acqua, si stupì che un giudeo le chiedesse da bere, cosa che i Giudei non erano soliti fare. Ma, in realtà, colui che chiedeva da bere, aveva sete della fede di quella donna». Agostino interpreta la samaritana come la Chiesa che è l'anfora che possiede il tesoro della salvezza chiamata ad annunciare con la parola la presenza del Signore Risorto. Essa è mezzo, voce del messaggio salvifico che suscita negli ascoltatori il desiderio di Dio.

meraviglia in tutti – discepoli e non – al di là della parola stessa la domanda che gli astanti si pongono è «Chi è costui? Da dove gli deriva questa autorità?» (cfr. Mc 1, 27; 4,41):

> «La straordinaria autorità di Gesù che contraddistingue la sua Persona nel contesto della società religiosa del suo ambiente come un grande enigma, ma che nella tradizione evangelica viene ad esprimere l'evento per eccellenza della rivelazione escatologica di Dio, trova nell'esperienza dell'*abba* l'espressione trinitaria della sua coscienza singolarissima della paternità di Dio nei suoi confronti, della sua profonda vicinanza con il Padre. Con l'esperienza dell'*abba* siamo di fronte ad un dato linguistico che si pone, nella sua portata esperienziale, al di qua di ogni ulteriore espressione di sviluppo teologico: nell'*abba* tocchiamo il cuore della esperienza filiale di Gesù, il nucleo più originale della sua cristologia, che precede ogni altra riflessione ed autodefinizione, ed ogni titolo»[38].

Gesù è omileta del Padre in senso personale e singolare poiché in Lui si giunge alla pienezza della divina parola del Padre: «Dio, che aveva già parlato nei tempi antichi molte volte e in diversi modi ai padri per mezzo dei profeti, ultimamente, in questi giorni, ha parlato a noi per mezzo del Figlio, che ha costituito erede di tutte le cose e per mezzo del quale ha fatto anche il mondo. Questo Figlio, che è irradiazione della sua gloria e impronta della sua sostanza e sostiene tutto con la potenza della sua parola» (Eb 1,1-3).

L'omileta è un credente interpellato dalla singolarità di Gesù ed è proprio grazie a questa condizione di differenza ontologica che si attua il rapporto con Dio manifestato in Lui, il quale rende possibile, in virtù del suo farsi uomo (Gv 1,14), la comunicazione divino - umana e il conseguente utilizzo della parola come veicolo di ulteriore relazione comunicativa tra l'omileta e l'assemblea: «La Parola che dà la vita esisteva fin dal principio: noi l'abbiamo udita, l'abbiamo vista con i nostri occhi, l'abbiamo contemplata, l'abbiamo toccata con le nostre mani. La vita si è manifestata e noi l'abbiamo veduta. Siamo i suoi testimoni e perciò ve ne parliamo. Vi annunziamo la vita eterna che era accanto a Dio Padre, e che il Padre ci ha fatto

---

[38] M. BORDONI, *Christus omnium redemptor. Saggi di cristologia*, LEV, Città del Vaticano 2010, p. 54.

conoscere. Perciò parliamo anche a voi di ciò che abbiamo visto e udito; così sarete uniti a noi nella comunione che abbiamo con il Padre e con Gesù Cristo suo Figlio» (1Gv 1,1-3).

Mediatore di una Parola non sua[39], ma di cui ha fatto esperienza nell'ordine della conoscenza-amore, il predicatore realizza quella unità relazionale tra Dio e il popolo, perché lui *in primis* si vive il proprio ministero in questa liminalità, in questo continuo equilibrio tra le sublimità del divino e le tempeste della storia degli uomini.

Lo statuto ontologico del predicatore è, dunque, eminentemente relazionale, è una continua dinamica di uscita da se stesso per incontrare Dio e l'uomo e permettere così l'esodo del divino e dell'umano grazie allo strumento della parola e di un linguaggio che, pur imbastito della polvere della quotidianità, è profondamente compenetrato della sapienza che viene dall'alto.

[39] Cfr. AGOSTINO DI IPPONA, *Commento al Vangelo di Giovanni*, cit., I,6: «Vedete dunque, fratelli, se Giovanni non sia proprio uno di questi monti dei quali dianzi abbiamo cantato: *Ho alzato i miei occhi verso i monti, donde mi verrà l'aiuto* (Sal 120, 1). E allora, fratelli miei, se volete capire, elevate gli occhi a questo monte; cioè, elevatevi verso l'evangelista, elevatevi alla sua comprensione. Ma poiché questi monti ricevono la pace, né può essere pace in chi ripone la speranza in un uomo, non vogliate innalzare gli occhi al monte, quasi pensando di dover collocare la vostra speranza in un uomo. Dite piuttosto: *Ho innalzato i miei occhi ai monti dai quali mi verrà l'aiuto,* e subito aggiungete: *Il mio aiuto viene dal Signore, che ha fatto il cielo e la terra* (Sal 120, 2). Innalziamo quindi gli occhi ai monti, donde ci verrà l'aiuto. E tuttavia non è nei monti che dobbiamo riporre la nostra speranza; poiché i monti ricevono, a loro volta, ciò che a noi trasmettono. Riponiamo quindi la nostra speranza nella fonte da cui anche i monti ricevono. Quando eleviamo i nostri occhi alle Scritture, siccome ci furono date per mezzo di uomini, noi eleviamo i nostri occhi ai monti donde ci verrà l'aiuto. Ma poiché coloro che redassero le Scritture erano essi stessi uomini, essi non risplendevano di luce propria, ma la vera luce era colui che illumina ogni uomo che viene in questo mondo (cf. Gv 1, 9). Era un monte anche quel Giovanni Battista che diceva: *Non sono io il Cristo* (Gv 1, 20). Temendo che qualcuno, ponendo la speranza nel monte, abbandonasse colui che illumina i monti, egli stesso confessava: *Tutti abbiamo ricevuto dalla sua pienezza* (Gv 1, 16). E così quando voi dite: *Ho elevato i miei occhi ai monti, donde mi verrà l'aiuto* (Sal 120, 1), non dovete attribuire ai monti l'aiuto che ricevete, e perciò soggiungete: *L'aiuto mi verrà dal Signore, che ha fatto il cielo e la terra* (Sal 120, 2)».

CAPITOLO III

L'*Ars praedicandi* in Gregorio Magno

Dio, l'uomo, la Parola potrebbe essere questa la sintesi complessiva della visione che Gregorio attribuisce nei suoi scritti e nella complessità della sua vicenda terrena alla predicazione.

Una sorta di sviluppo dialettico triadico costituirebbe il circolo ermeneutico dell'esegesi e della predicazione del Pontefice; non c'è infatti altro punto di partenza che la fede che in Gregorio primariamente è un *credo ut intelligam*. È la luce di Dio che illumina l'esperienza credente e la stessa riflessione sul testo sacro e sul libro vivente dell'umanità.

L'altro polo è l'uomo: la capacità di uscire da se stessi, da uno studio autoreferenziale, da una ministerialità fine a se stessa. Per Gregorio l'uomo e la sua vicenda storica non solo si rischiaravano alla luce della Verità, ma rappresentavano il termine ultimo del suo agire, la concretizzazione della sua passione per Dio diventava passione per l'uomo, sofferenza e richiamo costante a rischiare il turbinio degli eventi invece che scegliere uno stoico distacco. La sua opera respira di vita perché c'è in essa un cuore che pulsa di carità.

Infine la sintesi è la Parola: in questo circolo triadico essa è possibilità, rischio, libertà e amore. La Parola è il consegnarsi di Dio nella perennità dell'oggi: l'attualizzarsi della Parola divina cela e rivela allo stesso tempo per questo il predicatore non è un mero strumento né il creatore del dire di Dio, ma è il servo. L'atteggiamento di Maria all'annunciazione (Cf. Lc 1, 26-38) può essere paradigmatico rispetto a quanto affermiamo. In lei si riscontrano vari momenti che sono quelli essenziali di ogni discepolo del Verbo, cioè l'accoglienza ubbidiente, l'ascolto attento e meditativo, la disponibilità a rischiare e lasciarsi plasmare dalla Parola, il silenzio carico di attesa e di lavorio interiore, il servizio frettoloso, attento e paziente alla cugina Elisabetta (Cf. Lc 1, 39-56) che è l'applicazione sull'uomo di quanto si è vissuto con Dio nel ritmo dell'annuncio e della risposta.

La ricchezza dei Padri e di san Gregorio, ovviamente, sta soprattutto in questo atteggiamento mariano nei riguardi della Parola di Dio che essi respirano dalle pagine della Scrittura ed è quello che cercheremo di dimostrare in questo ultimo capitolo affrontando finalmente il discorso di Gregorio sulla predicazione.

3.1 Tra Dio e l'uomo

In Gregorio Magno la predicazione è arte nel suo senso più alto perché è tutta animata dalla centralità della fede e dall'esercizio di un ministero di carità e servizio a favore del popolo: «La missione del buon pastore è l'arte delle arti. Gregorio enumera le caratteristiche del sacerdote, e naturalmente del vescovo, paragonandolo a un medico che si accosta ad un malato. Il medico dello spirito si piega presto al perdono e compatisce la debolezza altrui con tutto l'affetto del cuore e nell'intimo gioisce dei beni del prossimo. [...] L'arte della carità pastorale nasce dal riconoscimento che gli uomini – vescovi, sacerdoti e fedeli – sono tutti uguali per natura. Il buon pastore è consapevole di essere simile alle sue pecorelle»[40].

Nella lettera sinodica inviata ai quattro patriarchi[41] Gregorio tratteggia in maniera sublime quelli che sono i punti cardine della sua ermeneutica della predicazione. Gli accenti e le problematiche, infatti, si riscontrano un po' in tutta l'opera gregoriana per questo tale documento rappresenta una chiave d'accesso più sistematica e organica del pensiero gregoriano.

Dopo aver fatto il consueto riferimento alle difficoltà della sua missione e, soprattutto, alla consapevolezza di essere stato costituito mediatore tra Dio e gli uomini – concetto chiave per la comprensione dell'intera lettera e dell'opera gregoriana (non una preoccupazione primariamente teoretica, ma eminentemente

[40] P. MELONI, *La visione del sacerdozio nella spiritualità di San Gregorio Magno,* in Panimolle, A. (ed), *Dizionario biblico di spiritualità biblico-patristica*, vol. 63, Borla, Roma 2013, p. 94.
[41] GREGORIO MAGNO, *Lettere*, Città Nuova Editrice, Roma 1996, I, 24.

pastorale) – Gregorio esamina in vari passaggi la figura e il ministero della predicazione.

> «Considero che bisogna vigilare con ogni cura affinché colui che è a capo sia puro nei pensieri (*cogitatione sit mundus*) , esemplare nelle azioni (*operatione praecipuus*), discreto nel tacere (*discretus in silentio*), opportuno nella parola (*utilis in verbo*), vicino a ciascuno per la compassione (*singulis compassione proximus*), elevato al di sopra di tutti nella contemplazione (*prae cunctis contemplatione suspensus*), unito nell'umiltà con chi opera bene (*bene agentibus per humilitatem socius*), fermo per zelo di giustizia contro i vizi di chi opera male (*contra delinquentium vitia per zelum iustitiae erectus*)».

In queste parole, che fanno eco alla *Regola pastorale*, abbiamo un vero e proprio programma spirituale del predicatore che è chiamato a vigilare e, quindi, a curare, l'insieme della sua persona, le disposizioni interiori e il comportamento morale. Una forte preoccupazione pastorale emerge in queste parole perché «è necessario che cerchi di essere pulita la mano che ha il compito di eliminare il sudiciume, affinché, se essa è sporca e tenta di eliminare il fango, non inquini maggiormente quello che tocca».

Tutta la lettera prosegue nel chiarire il senso di ciascuna espressione attraverso l'allegoria e il continuo ricorso a luoghi della Sacra Scrittura che fanno emergere sempre l'importanza della predicazione nella vita dei pastori i quali sono inseriti nel corso della predicazione apostolica ma con una ricchezza maggiore dovuta all'ulteriore lavorio esegetico che questi ultimi compiono sulla voce degli apostoli: «Io non prego soltanto per questi miei discepoli, ma prego anche per altri, per quelli che crederanno in me dopo aver ascoltato la loro parola» (Gv 17,20).

La Parola di Dio, infatti, si dilata con la lettura, la comprensione e il ministero del pulpito arricchita dall'esempio dei santi. Potremmo dire che proprio in ciò risiede la beatitudine promessa a Gesù verso coloro che "crederanno pur senza aver visto" (Gv 20,29) e, inoltre, nella promessa dello Spirito Santo che guida la Chiesa "alla verità tutta intera" (Gv 16,13).

L'elemento discriminante che fornisce la comprensione di questa dinamicità e fecondità della Parola è la comunità ecclesiale: un elemento imprescindibile nell'esegesi patristica e nell'opera di Gregorio.

L'esegesi e l'omiletica gregoriana nascono in seno alla comunità: questo è un elemento fondamentale per comprendere il senso delle sue parole e del suo impegno. Più volte, infatti, nelle lettere dedicatorie che fanno da *ouverture* ai suoi scritti Gregorio sottolinea la genesi del suo lavoro e della sua predicazione fissata poi per iscritto.

Emblematiche le parole rivolte a Leandro di Siviglia nei *Moralia*:

> «Nella comunità fondata con loro, come nell'ansa di un porto ben sicuro, io mi rifugiavo lontano dalle agitazioni e distrazioni terrene; e sebbene quel servizio, strappandomi dal monastero con la spada del suo impegno, avesse estinto in me la vita pacifica di un tempo, tuttavia in mezzo ai miei fratelli, grazie alla quotidiana lettura e meditazione della parola di Dio, ero animato dallo spirito di compunzione (*compunctionis animabat*). Fu allora che i miei fratelli, spinti da te, se ben ricordi, pensarono di costringermi con molta insistenza a commentare il Libro del beato Giobbe, e a svelare loro, nella misura in cui la verità mi rendeva capace, i misteri così profondi che esso contiene (*mysteria aperirem*)»[42].

La Parola di Dio per Gregorio nasce e si sviluppa nella comunità – liturgica o monastica – perché è la maniera attraverso la quale Dio convoca, costituisce e sfama il suo popolo. Soprattutto però – e qui sta la profonda modernità del suo pensiero – Gregorio quando fa riferimento all'uditore e all'assemblea si pone in atteggiamento di profonda umiltà che diventa non un semplice *topos*, ma una chiave ermeneutica fondamentale perché nella dinamica esegetica e di ascolto il pastore è cosciente che «la Verità può far sentire la sua voce tanto per mezzo mio a un altro, quanto per mezzo d'un altro a me. Essa sta in mezzo a noi e ci tratta tutti con equità, anche se noi non sempre ci comportiamo con equità»[43].

---

[42] GREGORIO MAGNO, *Commento morale a Giobbe*, cit., p. 83.

[43] *Ivi*, 6,28,81.

Tutti in ascolto della medesima Parola – pastore e gregge – sotto la guida dello Spirito che soffia dove vuole, si crea quella relazione per cui la Parola parla all'uomo in maniera personale e adeguata all'esperienza vitale di ciascuno: «Sembra infatti che per Gregorio Magno non si possa parlare in nessun caso, di un rapporto superiore/inferiore fra testo e lettore. Né il testo, nonostante contenga la Parola di Dio, rivendica una superiorità sull'uomo-lettore; né quest'ultimo può pretendere di possedere il testo reificandolo, quasi potesse essere oggetto esclusivo di studio o di analisi. Il lettore e il testo si pongono invece l'uno di fronte all'altro in perfetta orizzontalità. Ciò che Gregorio si attende avvenga dall'incontro del lettore con il testo è semplicemente che si stabilisca fra di loro un rapporto personale»[44]. Quello che vale per l'esegeta, vale anche per il predicatore perché entrambi si pongono nel medesimo atteggiamento di ascolto e di servizio.

3.2 La predicazione sacramento della Parola

Il predicatore-esegeta deve penetrare nei *mysteria* della Parola di Dio: questo aspetto - estremamente importante – fa del lavoro preparatorio dell'omelia e del commento uno sforzo che va ben al di là di un semplice funzionalismo tecnico-letterario; l'intelligenza dei misteri di Dio, della sua opera della salvezza, è ciò che si dipana quando nella liturgia o nella *lectio divina* si entra in contatto con il testo sacro. I *mysteria*[45] sono le tappe della storia della salvezza che, frammiste alla storia della *civitas hominum*, sono coperti da uno strato di polvere e di quotidianità:

---

[44] G. I. GARGANO, *Il libro, la parola e la vita. L'esegesi biblica di Gregorio Magno*, San Paolo, Milano 2013, p. 168.
[45] Cfr. C. ROCCHETTA, *Sacramentaria fondamentale. Dal Mysterion al Sacramentum*, EDB, Bologna 2007, p. 276: «Gregorio Magno sembra utilizzare indifferentemente i termini "*sacramentum*" e "*mysterium*" ma con una qualche preferenza per l'impiego del primo per l'azione rituale e del secondo per caratterizzare piuttosto la realtà nascosta nell'azione celebrativa. Così ad esempio quando parla dell'eucaristia, Gregorio usa quasi esclusivamente i termini "*mysterium/mysteria*", e ciò allo scopo di porre in evidenza la realtà divina-profonda cui lo stesso rito visibile rimanda. Pur non teorizzando la nozione di "sacramento", la teologia sacramentale di Gregorio presenta delle coordinate di fondo che ne dicono il legame con la teologia misterica orientale e con Agostino. La prospettiva di fondo che motiva la lettura gregoriana del "*mysterium-sacramentum*" sembra essere quella del "*mysterium dispensationis*", ossia dell'economia della salvezza che scaturisce dal mistero della Trinità e si manifesta nella persona di Gesù e nei singoli eventi della sua esistenza storica. La Scrittura si presenta come la proclamazione del "*mysterium dispensationis*" e nello stesso tempo il "*sacramentum*" di tale "mysterium", tanto che la conoscenza di essa può essere qualificata come "*divinorum sacramentorum intellectus*". Il principio unificatore della totalità della *historia salutis* è Cristo; un tema che ritorna ripetutamente nella riflessione di Gregorio. Su tale evento si innesta la Chiesa, comunità di redenti, eletta fin dai primordi dell'umanità ("*ab Abel sanguine passio jam coepit ecclesia*" Hom. In Ez., II, 3, 16).

«La storia è come il guscio della noce, o dell'uovo, che bisogna rompere per nutrirsi del contenuto. Lo scopo che Gregorio si prefigge, commentando Giobbe o qualsiasi altro libro della Bibbia è l'intelligenza spirituale»[46] Per questo motivo bisogna *aperire*, cioè chiarire sempre di più attraverso i sensi della Scrittura quanto è contenuto oltre la patina superficiale della Parola: «Infatti dapprima stabiliamo i fondamenti storici; poi, per mezzo del senso mistico, erigiamo l'edificio della nostra anima come cittadella della fede; infine, con la bellezza del senso morale, rivestiamo in qualche modo l'edificio aggiungendo il colore. E infatti che cosa sono le parole della Verità se non alimenti per nutrire le nostre anime? Variando frequentemente il modo di esporre presentiamo alla bocca i piatti in modo tale da non offendere il gusto del lettore invitato, che è in qualche modo il nostro commensale»[47].

I senso dell'esegesi scritturale si inseriscono in un contesto più ampio che è il *libro della natura* che lo studioso deve aprire per introdursi sempre più nelle orme che Dio ha lasciato nella creazione[48]: la corrispondenza tra metafisica - nel senso della graduale ascesa all'essere - e il concetto di creazione è indispensabile per poter ravvisare nei piani di significato delle parole un risvolto più profondo che riguarda il cammino che l'anima deve compiere per giungere a Dio da cui si è distaccata a causa del peccato originale.

Il peccato, infatti, ha prodotto una serie di disequilibri che hanno coinvolto anche l'aspetto conoscitivo dell'uomo per cui la visione di Dio, dopo l'esperienza della colpa, è mediata dalle strutture di significato delle parole al pari della scala di perfezione che ogni anima deve percorrere per giungere alla comunione con Dio: «Cacciato dalle gioie che aveva in Paradiso ed entrato nell'esilio della vita presente, il genere umano ha il cuore accecato, privo di intelletto spirituale. Se dalla voce di

[46] E. GANDOLFO, *Gregorio Magno. Servo dei servi di Dio*, IPL, Milano 1980, p. 116.
[47] GREGORIO MAGNO, *Lettere*, cit., 5,53,3.
[48] Cfr. BONAVENTURA DA BAGNOREGGIO, *Itinerario della mente in Dio*, in *Opere di San Bonaventura: Opuscoli Teologici/1,* Città Nuova Editrice, Roma 1993, I, 2: «Poiché nella condizione del nostro stato attuale la stessa totalità delle cose è scala per salire a Dio, e fra gli esseri creati, alcuni hanno rapporto a Dio di vestigio, altri di immagine, alcuni sono corporei, altri spirituali, alcuni temporali, altri immortali, e quindi alcuni fuori di noi, altri in noi; perché sia possibile pervenire alla considerazione del primo principio, spiritualissimo, eterno e sopra di noi, è necessario che prima consideriamo gli oggetti corporei, temporali e fuori di noi, nei quali è il vestigio e l'orma di Dio, e questo significa incamminarsi per la via di Dio; è necessario rientrare in noi stessi, perché la nostra mente è immagine di Dio, immortale, spirituale e dentro di noi, il che ci conduce nella verità di Dio; infine occorre elevarci a ciò che è eterno, spiritualissimo e sopra d noi, aprendoci al primo principio, il che reca letizia nella conoscenza di Dio e omaggio alla sua maestà».

Dio si dicesse a questo cuore cieco: "Segui Dio", oppure "Ama Dio", come gli è stato detto nella Legge, non potrebbe capire quello che sta udendo, poiché si è collocato fuori del divino e reso freddo da una insensibilità che gli toglie la vita. Così la parola di Dio parla a quest'anima fredda e insensibile mediante alcune oscure allegorie e la introduce in tal modo segretamente dalle cose che conosce all'amore che non conosce»[49].

Non a caso parliamo di intelligenza, *intus legere*, cioè scavare in profondità, scrostare la parola dal suo elemento esteriore per penetrare nel suo senso più profondo e consegnare così una nuova testimonianza della rivelazione che cresce insieme con chi la legge (*Divina eloquia cum legente crescunt*): il testo biblico è un testo vivo, non è un pezzo da museo, esso rivive grazie all'ascolto, alla meditazione e alla predicazione soprattutto perché, grazie a quest'ultima, Dio parla di nuovo al suo popolo nella concretezza del suo vivere, tutto questo Gregorio lo ha appreso come stile di vita nel monastero e dagli insegnamenti di San Benedetto che nella Regola richiama prima di tutto il monaco ad ascoltare i precetti del maestro interiore: «Il primo impegno del monaco è dunque udire, prestare attenzione, nella propria interiorità, alle parole che annunciano la fede: aprire le orecchie del cuore. È la stessa immagine che si incontra nelle pagine iniziali delle *Confessiones*, quando Agostino descrive lo slancio della propria anima verso Dio, l'inquietudine dell'uomo destinata a trovare pace soltanto nel riposo che il contatto con Dio può garantire»[50].

3.3 Il predicatore: contemplativo di Dio e dell'uomo

L'ascolto di Dio nel silenzio del monastero - icona del silenzio trinitario da cui proviene la Parola - non si traduce in un distacco dal mondo: per Gregorio l'ascolto di Dio è la premessa e il punto di ritorno dell'ascolto dell'uomo da qui discende che caratteristica principale del pastore sia quella di conoscere l'animo umano:

---

[49] GREGORIO MAGNO, *Commento al Cantico dei cantici*, Città Nuova Editrice, Roma 2011, 1.

[50] M. FUMAGALLI – B. BROCCHIERI – M. PARODI, *Storia della filosofia medievale*, Laterza, Bari 1996, p. 47.

«Il discorso di chi insegna deve essere fatto tenendo conto del genere degli ascoltatori per essere adeguato a quella che è la condizione propria dei singoli e tuttavia non decadere dal suo proprio genere che è di servire alla comune edificazione. Infatti che cosa sono le menti degli ascoltatori se non, per così dire, corde ben tese di una cetra che l'artista tocca con diversa intensità per produrre un'armonia che si accordi col canto? E le corde danno un'armonia ben modulata, perché sono toccate da un unico plettro ma con vibrazioni diverse. Perciò il maestro per edificare tutti nell'unica virtù della carità deve toccare il cuore degli ascoltatori con una sola dottrina ma con un diverso genere di esortazione»[51].

A quale umanità fa riferimento Gregorio quando dice di rivolgersi a questa come alle corde di una cetra? C'è un ordine da ristabilire, dei legami sociali che l'uomo ad un certo punto avrebbe interrotto. È un uomo prima di tutto immerso nella fragilità del peccato e dei vizi che conservano il loro fascino, eco dell'inganno primordiale del serpente alla donna (Gn 3):

«Dappertutto regnano morte, lusso e desolazione; da ogni parte siamo percossi e travolti dalle sventure, eppure, con ente ottenebrata dai desideri terreni, amiamo questa realtà così tragica, inseguiamo il mondo che fugge e ci aggrappiamo ad esso nel suo declino. Non potendo trattenerlo nella rovina, ne siamo noi stessi raggiunti, mentre vorremmo impedirne il compiersi. Un tempo il mondo ci incatenò col suo fascino, ma ora è così pieno di sventure che per la sua stessa condizione dovrebbe farci ritornare a Dio»[52].

L'esercizio del ministero della Parola ha di mira la *metanoia* a cui impegna la vita cristiana e che il pastore deve far nascere nel cuore del credente. La *metanoia* è il ritorno a Dio per questo Gregorio insiste sulla necessità del distacco da ogni realtà terrena per tendere in pienezza alle realtà divine a cui l'uomo è chiamato dalla redenzione di Cristo. La profezia dopo il definitivo annuncio di Cristo tramandato nel Nuovo Testamento non avrà altro compito che quello di indicare una nuova patria, un nuovo incontro, un nuovo *Kairos*:

«Infervoriamo perciò il nostro animo, o fratelli, rinsaldiamo la fede in ciò che abbiamo creduto, e si infiammi in noi l'anelito verso le cose celesti: questo

[51] GREGORIO MAGNO, *Regola Pastorale*, Città Nuova Editrice, Roma 2008, 3, XXIII.
[52] GREGORIO MAGNO, *Omelie sui vangeli*, Città Nuova Editrice, Roma 1994, II, XXVIII, 3.

amore è già come essere in cammino. Nessuna avversità ci allontani dalla gioia dell'intima celebrazione, perché se uno desidera giungere alla meta agognata non vi sarà asprezza di cammino tale da mutare il suo desiderio. Nessuna prosperità ci seduca col suo fascino, perché è ben stolto il viandante che ferma lo sguardo ai prati ameni, lungo il viaggio, e non può così raggiungere la meta fissata. Lo spirito aneli dunque, in pienezza di desiderio, alla patria eterna; non abbia bramosie terrene, visto che tutto dovrà presto essere lasciato»[53].

Dotato delle indispensabili virtù e costante nell'impegno di essere all'altezza del compito assunto, il pastore potrà attendere al ministero delle anime trasmettendo i contenuti della fede e suscitando le buoni disposizioni perché essi diventino il motivo ispiratore di tutte le scelte del vivere[54]. *Docere et ammonere* sono i termini del compito del pastore. Per svolgere questo duplice compito occorre conoscere l'arte per eccellenza cioè la conoscenza delle anime che non si vale di regole a priori, ma di un'esperienza diretta e individuale, e trasmette il suo insegnamento attraverso l'*exemplum*, il quale a sua volta non rinvia a un modello universale di uomo, bensì alla differenziazione dei singoli utilizzabile empiricamente in circostanze affini.
Il contatto e la conoscenza del gregge è simboleggiata da san Gregorio con la pietra del sale:

> «Spesso vediamo che viene posta di fronte agli animali la pietra del sale, perché essi possano lambirla e trarne giovamento. Il sacerdote deve essere tra i popoli come questa pietra del sale di fronte agli animali. Egli deve avere cura di ciò che occorre dire ai singoli e di come ammonire ognuno (*quae singulis dicat ... admoneat*), in modo che chi lo accosta, come a contatto con il sale, porti in sé il sapore della vita eterna. Non siamo infatti sale della terra se non offriamo ciò con cui condire il cuore di chi ascolta; come invece riesce davvero

---

[53] *Ivi*, I, XIV, 6.
[54] Cfr. GREGORIO MAGNO, *Lettere*, cit., I, 24: «Il pastore d'anime deve essere vicino a tutti per la comprensione, deve elevarsi al di sopra di tutti nella contemplazione, tanto da accogliere in sé, per l'intimo amore, la debolezza altrui, e trascendere se stesso, con l'altezza della contemplazione e il desiderio dei beni invisibili. Anelando a tali altezze, non disprezzi a debolezza del prossimo, o viceversa adattandosi a questa debolezza, non cessi di anelare a tali altezze».
GREGORIO MAGNO, *Regola pastorale*, cit., 2,5: «Considero che bisogna vigilare con ogni cura affinché colui che è capo sia puro nei pensieri, esemplare nelle azioni, discreto nel tacere, opportuno nella parola, vicino a ciascuno per la compassione, elevato al di sopra di tutto nella contemplazione, unito nell'umiltà con chi opera bene, fermo per zelo di giustizia contro i vizi di chi opera male».

a fare, nei confronti del prossimo, chi non gli sottrae la parola della predicazione»[55].

Centrale diventa, dunque, la vita del pastore, la cui esemplarità continua e corrobora la sua predicazione e significa la concretezza della Parola di Dio e la sua capacità di trasformare la vita degli uomini:

> «Ogni predicatore si faccia sentire più con i fatti che con le parole, e imprima le sue orme per chi lo segue, attraverso una buona vita, piuttosto che mostrare con le parole la mèta verso cui essi devono camminare. Poiché anche questo gallo, che il Signore prende come esempio nelle sue parole, per indicare il tipo del buon predicatore, quando già si prepara a cantare, prima scuote le ali e percuotendosi da solo si fa più sveglio; chiaramente perché è necessario che coloro, i quali si accingono alla santa predicazione, siano prima vigilanti e dediti al bene operare, perché non pretendano di scuotere gli altri con le parole, mentre in se stessi dormono nell'inerzia: scuotano se stessi, prima, con azioni elevate, e solo allora rendano gli altri solleciti del ben vivere; prima colpiscano sé con le ali della meditazione e con attento esame colgano ciò che in loro giace nell'inutile torpore e lo correggano con severa riprensione; e solo allora regolino con le parole la vita degli altri. Prima abbiano cura di punire i propri peccati con pianto e poi denuncino ciò che è degno di punizione negli altri; e prima di fare risuonare parole di esortazione, gridino con le opere tutto ciò che hanno intenzione di dire»[56].

In piena continuità con l'assunto paolino della *fides ex auditu* Gregorio paragona il predicatore-esegeta ad una levatrice che permette alla Chiesa di generare sempre nuovi figli alla fede: «Essa vede anche i figli dei suoi figli fino alla quarta generazione, perché in quest'epoca, che si svolge annualmente in quattro stagioni, contempla i figli che nascono ogni giorno fino alla fine del mondo per mezzo della bocca dei predicatori (*ora predicantium*)»[57].

La *metanoia* che la predicazione suscita in chi ascolta è originata da una sorta di maieutica, cioè i predicatori «diventano così, agli occhi di Gregorio, una sorta di levatrici necessarie perché la Chiesa possa contemplare i suoi figli di generazione in

---

[55] GREGORIO MAGNO, *Omelie sui vangeli*, cit., I,XVII, 9.
[56] GREGORIO MAGNO, *La regola pastorale*, cit., III, 40.
[57] GREGORIO MAGNO, *Commento morale a Giobbe*, cit., 6, 35, 48.

generazione. Infatti senza i *praedicatores* non vi sarebbero figli e, senza la generazione continua dei figli, verrebbe meno la stessa vita della Chiesa. In conclusione i *praedicatores* permettono alla Chiesa di morire piena di giorni, perché, grazie al loro lavoro, essa attraverso queste stagioni che passano, compie ciò che non passa. Ciò che non passa, poi, è semplicemente la vita»[58].

Il predicatore non inventa la verità, ma la accoglie e la semina nel cuore dell'uditore: «Come riesce ad essere anche madre chi ha già potuto diventare fratello del Signore, giungendo alla fede? Dobbiamo però sapere che diviene madre, attraverso la predicazione, chi è fratello e sorella di Cristo mediante la fede. Ne cura, per così dire, la nascita chi lo rende presente nel cuore dell'ascoltatore. Ne diviene madre se, per mezzo della sua parola, l'amore di Dio prende vita nell'animo del prossimo»[59].

Dunque, la predicazione è la via maestra da percorrere nell'annuncio della fede e per i progetti a cui si orientavano le ansie apostoliche di san Gregorio, impegnato a condurre tutte le genti ad accogliere il Vangelo, nell'esperienza della salvezza.

L'esperienza della salvezza fa tutt'uno con l'esperienza dell'*humanitas* per cui i temi dell'omiletica gregoriana, contraddistinti dal fiume carsico di un profondo senso escatologico, riflettono prima di tutto le vicende poliedriche della vita e del cuore umani, il segno del peccato sulla condizione umana, l'attesa della fine che si illumina nelle vicende a lui contemporanee di Roma e del mondo, il piacere delle cose mondane e la colpa.

Il predicatore gregoriano non deve però correre il rischio di perdersi nella cura pastorale per questo Gregorio insiste più volte sulla necessità del ritorno del predicatore alla contemplazione, alla quiete, all'umiltà:

> «Ma poiché spesso, quando la predicazione scorre copiosamente nei modi convenienti, l'animo di chi parla si esalta in se stesso per la gioia nascosta di questa dimostrazione di sé, è necessaria una grande cura perché esso si lasci ferire dai morsi del timore e non accada che colui il quale, curando le loro ferite, richiama gli altri alla salvezza, si inorgoglisca lui per negligenza della

---

[58] G. I. GARGANO, *Il libro, la parola e la vita*, cit., p. 141.
[59] GREGORIO MAGNO, *Omelie sui vangeli*, cit., I, III, 2.

salvezza sua propria; e mentre giova al prossimo, abbandoni se stesso e cada, mentre fa rialzare gli altri. Spesso, infatti, la grandezza della virtù fu occasione di perdizione per alcuni, perché per la confidenza nelle proprie forze acquistano una disordinata sicurezza, così che poi, per negligenza, in modo imprevisto muoiono»[60].

Nel commento a Ezechiele aggiunge una nuova immagine del predicatore quando afferma:

«"Figlio dell'uomo, ti ho posto per sentinella alla casa d'Israele" (Ez 3, 16). E' da notare che quando il Signore manda uno a predicare, lo chiama col nome di sentinella. La sentinella infatti sta sempre su un luogo elevato, per poter scorgere da lontano qualunque cosa stia per accadere. Chiunque é posto come sentinella del popolo deve stare in alto con la sua vita, per poter giovare con la sua preveggenza. Come mi suonano dure queste parole che dico! Così parlando, ferisco me stesso, poiché né la mia lingua esercita come si conviene la predicazione, né la mia vita segue la lingua, anche quando questa fa quello che può.
Ora io non nego di essere colpevole, e vedo la mia lentezza e negligenza. Forse lo stesso riconoscimento della mia colpa mi otterrà perdono presso il giudice pietoso.
Certo, quando mi trovavo in monastero ero in grado di trattenere la lingua dalla parole inutili, e di tenere occupata la mente in uno stato quasi continuo di profonda orazione. Ma da quando ho sottoposto le spalle al peso dell'ufficio pastorale, l'animo non può più raccogliersi con assiduità in se stesso, perché è diviso tra molte faccende.
Sono costretto a trattare ora le questioni delle chiese, ora dei monasteri, spesso a esaminare la vita e le azioni dei singoli; ora ad interessarmi di faccende private dei cittadini; ora a gemere sotto le spade irrompenti dei barbari e a temere i lupi che insidiano il gregge affidatomi. Ora debbo darmi pensiero di cose materiali, perché non manchino opportuni aiuti a tutti coloro che la regola della disciplina tiene vincolati. A volte debbo sopportare con animo imperturbato certi predoni, altre volte affrontarli, cercando tuttavia di conservare la carità. Quando dunque la mente divisa e dilaniata si porta a considerare una mole così grande e così vasta di questioni, come potrebbe rientrare in se stessa, per dedicarsi tutta alla predicazione e non allontanarsi dal ministero della parola?

[60] GREGORIO MAGNO, *La regola pastorale*, cit., 4, LXV.

Siccome poi per necessità di ufficio debbo trattare con uomini del mondo, talvolta non bado a tenere a freno la lingua. Se infatti mi tengo nel costante rigore della vigilanza su me stesso, so che i più deboli mi sfuggono e non riuscirò mai a portarli dove io desidero. Per questo succede che molte volte sto ad ascoltare pazientemente le loro parole inutili. E poiché anch'io sono debole, trascinato un poco in discorsi vani, finisco per parlare volentieri di ciò che avevo cominciato ad ascoltare contro voglia, e di starmene piacevolmente a giacere dove mi rincresceva di cadere. Che razza di sentinella sono dunque io, che invece di stare sulla montagna a lavorare, giaccio ancora nella valle della debolezza? Però il creatore e redentore del genere umano ha la capacità di donare a me indegno l'elevatezza della vita e l'efficienza della lingua, perché, per suo amore, non risparmio me stesso nel parlare di lui»[61].

Queste parole, quasi una confessione, ci consegnano tutto l'ardore e la passione di un uomo che vive il proprio ministero alla luce della carità[62] e di un profondo senso della misura che si fonda sulla sua *romanitas*, che è proprio in questa importanza attribuita all'umiltà che diventa temperanza, ordine e misura in tutti gli affari di governo come nell'ambito dell'esercizio del ministero pastorale in senso spirituale. L'umiltà è il connotato fondamentale che costituisce lo strato di fondo di tutta l'impalcatura esegetica e pastorale di Gregorio e del modello di pastore che lui delinea nelle sue opere: per questo motivo si parla di "regola pastorale". Il monaco convive strettamente con il pastore in una sorta di dialettica circolare segnata dalle virtù dell'umiltà e della carità che contraddistinguono il vero pastore dal mercenario[63].

---

[61] GREGORIO MAGNO, *Omelie su Ezechiele*, Città Nuova Editrice, Roma 1993, 1, 11, 4-6.

[62] Cfr. GREGORIO MAGNO, *Omelie sui vangeli*, cit., I, XVII, 1: «Il Signore e Salvatore nostro, fratelli carissimi, ci ammonisce ora con i discorsi ora con le opere. Le sue azioni hanno infatti valore di comando, perché, mentre nel silenzio Egli compie qualcosa, rende evidente come dobbiamo comportarci. Eccolo inviare infatti a due a due i discepoli per la predicazione, come a ricordare che due sono i precetti della carità, che si traduce in amore verso Dio e verso il prossimo; e, inoltre, che la carità può esplicarsi almeno tra due persone. Nessuno infatti, propriamente parlando, esercita questa virtù verso se stesso, ma essa deve orientarsi verso un'altra persona, per essere davvero carità. Il Signore, poi, invia a due a due i discepoli, per la predicazione; per farci con ciò tacitamente capire che chi non ha la carità verso il prossimo non deve in alcun modo assumere il ministero della predicazione».

[63] Cfr. GREGORIO MAGNO, *Lettere*, cit., *1, 24*: «Dunque la virtù dell'umiltà deve essere coltivata in modo che non si allenti la rettitudine nel governare: se chi è a capo si abbassa più di quanto è conveniente, non può più guidare ad osservanza la vita dei sudditi. D'altra parte la severità e il rigore non devono essere tali che, per zelo eccessivo, vada del tutto persa la mansuetudine».

CONCLUSIONE

Dopo una generale visione della vita e delle opere di Gregorio Magno il presente studio si è interessato di presentare, seppure in grandi linee, i motivi di continuità e di rottura tra il linguaggio dell'oratoria antica e quello della predicazione cristiana: non c'è stato un semplice passaggio di consegna né un superficiale cambiamento semantico; in realtà nel passaggio tra oratoria e predicazione c'è tutto quel complesso fenomeno di inculturazione evangelica che, senza sopprimere le culture pagane, ne ha rinnovato e portato a compimento in profondità gli stimoli e le risultanze che apparivano ormai obsolete e impaludate nel tecnicismo.

Dopo questa fase relativa al linguaggio l'attenzione si è spostata su Gesù: si è cercato di individuare nella sua persona e nella sua predicazione in gesti e parole, quella sorgente che ne fa un *unicum* paradigmatico del ritratto del predicatore cristiano. Il carattere relazionale della persona di Gesù, vero Dio e vero uomo, è l'elemento di fondo che fa trasparire nella sua parola un messaggio rivelativo sulla natura e il progetto di Dio sull'umanità: Gesù è colui il quale testimonia il Padre per mezzo del dono dello Spirito ai credenti; ed è proprio in questa accezione che la comunità credente si trova coinvolta in un processo dinamico di ascolto e di testimonianza che permette la comunione, nella differenza ontologica che continua a sussistere, tra l'uomo e Dio.

Infine, l'attenzione si è rivolta alla figura di Gregorio Magno e al ruolo che occupa la predicazione nei suoi scritti e nella sua opera di monaco e pastore. Proprio queste due caratteristiche umane rappresentano i poli di un'ellisse su cui è gravitato continuamente il suo approccio al testo biblico, alla complessa varietà degli uomini (non un uomo astratto alla maniera della filosofia greca, ma l'uomo concretamente gettato nella storia e nell'orizzonte della rivelazione biblica che narra di un Dio compenetrato totalmente nel fluire degli eventi), nonché l'evento della predicazione in sé per sé come atto sacramentale, rivelativo della storia salvifica.

Levatrice, predicatore, sentinella: questa è la triade ermeneutica che contraddistingue la personalità di Gregorio Magno e la proposta che lui pone al suo lettore di ieri e di oggi che ha desiderio di entrare con spirito contemplativo e pratico nei meandri della Parola di Dio che è anche parola dell'uomo.

Secondo quanto riportato da Paolo Diacono, nel corso della dettatura del canto che porterà il suo nome, il pontefice si interrompeva spesso, facendo lunghe pause; il monaco che lo ascoltava e aveva il compito di redigere il testo, allora scostò il velo che lo separava da Gregorio e scoprì cosa accedeva durante quei lunghi silenzi: una colomba – incarnazione dello Spirito Santo – dettava a sua volta i canti all'orecchio del papa.

Credo che questo episodio possa essere emblematico e riassuntivo rispetto a quanto abbiamo cercato di delineare circa il rapporto tra San Gregorio Magno e la predicazione: prima di tutto l'ascolto della Parola di Dio come servizio nell'accezione più ampia di questo termine che pervade il predicatore, l'uditorio e, per certi versi, la stessa Parola poiché, quest'ultima, acquista nuova vitalità nel contatto che si instaura con gli attori della celebrazione oppure nel corso di una *lectio*.

Da qui discende l'aspetto comunitario della predicazione, il contesto sacramentale ed esperienziale che forniscono l'orizzonte ermeneutico per la comprensione del testo e dell'omiletica gregoriana. Siamo di fronte ad uno spazio in movimento e in continua vitalità.

Oralità e scrittura trovano un punto d'incontro non statico, ma continuamente rivitalizzato dal rapporto che Gregorio instaura con l'ascoltatore-uditore: un rapporto aperto e compenetrato di reciproca umiltà in obbedienza all'unico Signore che parla al suo popolo.

Il velo frapposto tra il Papa e lo scriba è in sé la possibilità di creare il contatto e la relazione: il disvelarsi della verità e il suo contemporaneo celarsi sono alla base della rivelazione cristiana. La Parola della predicazione è una rivelazione dove la parola e la voce (la vita del predicatore) sono il disvelamento-velamento dei misteri della storia della salvezza: «Quando Mosè scese dal monte Sinai - le due tavole della Testimonianza si trovavano nelle mani di Mosè mentre egli scendeva dal monte - non sapeva che la pelle del suo viso era diventata raggiante, poiché aveva conversato con lui. Ma Aronne e tutti gli Israeliti, vedendo che la pelle del suo viso era raggiante, ebbero timore di avvicinarsi a lui. Mosè allora li chiamò e Aronne, con tutti i capi della comunità, andò da lui. Mosè parlò a loro. Si avvicinarono dopo di loro tutti gli Israeliti ed egli ingiunse loro ciò che il Signore gli aveva ordinato sul monte Sinai. Quando Mosè ebbe finito di parlare a loro, si pose un velo sul viso. Quando entrava davanti al Signore per parlare con lui, Mosè si toglieva il velo, fin quando fosse uscito. Una volta uscito, riferiva agli Israeliti ciò che gli era stato ordinato. Gli Israeliti, guardando in faccia Mosè, vedevano che la pelle del suo viso era raggiante. Poi egli si rimetteva il velo sul viso, fin quando fosse di nuovo entrato a parlare con lui» (Es. 33, 29-35).

Come Mosè anche Gregorio è un mediatore: in questo ruolo egli tesse il ricamo dell'uomo di Dio perennemente immerso in Dio e nelle pieghe dell'umanità soprattutto quella periferica e sofferente (in fondo anche Gregorio vive nei suoi scritti portando le sue paure, le sue ansie, le sue fragilità). Come Mosè la sua unica preoccupazione è quella di favorire e creare un ponte tra Dio e l'uomo che passa attraverso lo studio e la pratica della predicazione come i momenti topici per realizzare questa possibilità che, proveniente dallo Spirito, utilizza il canale dell'umanità del predicatore per innestarsi tra Dio e il popolo.

L'occhio rivolto allo Spirito Santo ci fa riflettere sulla disposizione interiore dell'esegeta in ascolto della voce di Dio e della Chiesa; esercizio ineludibile per contemplare il cuore dell'uomo e le sue esigenze, nonché il complesso orizzonte storico che lo condiziona: l'esegesi e l'omiletica gregoriana non sono un asettico esercizio retorico, ma sono pervasi dal cuore e dal sangue del pastore e degli uomini a cui si rivolge la sua carità e cura.

Il silenzio, la *quies*, a cui Gregorio ha sempre anelato e guardato quasi con spirito quasi romantico, è diventato per Gregorio lo spazio della sua interiorità, nel suo monastero interiore il pontefice è sempre ritornato per incontrare il Signore e avere più acume nel riconoscere i segni della sua presenza nelle temperie della storia che lo riguardava e per offrire ai fedeli un Vangelo capace di parlare alla vita concreta delle persone.

La predicazione per Gregorio, quindi, è stata un ministero di carità. I suoi accenti a volte moralistici e dal sapore ultimativo – che saranno poi una costante del pensiero medievale – riletti senza pregiudizi e contestualizzati nel momenti di forte crisi socio-politica delle istituzioni imperiali - appaiono anch'essi come l'estremo appello alla conversione e al rinnovamento.

BIBLIOGRAFIA

AA. VV., *Anàmnesis, III/2, Eucaristia. Teologia e storia della celebrazione*, Marietti, Genova 2007.

AA. VV., *Storia della teologia nel Medioevo. I principi*, Vol. II, Piemme, Torino 1996.

AA. VV., *Storia della teologia. Epoca patristica*, Vol. I, Piemme, Casale Monferrato 1993.

AGOSTINO DI IPPONA, *Commento al Vangelo di Giovanni*, in *Opera omnia di sant'Agostino*, Vol. XXIV/1, Città Nuova Editrice, Roma 1968.

_______ , *La dottrina cristiana,* in *Opera omnia di Sant'Agostino*, Vol. 8, Città Nuova Editrice, Roma 1993.

_______ , *Le confessioni*, Piemme, Casale Monferrato 1993.

BENEDETTO XVI, *Udienza generale* 26 aprile 2006.

_______ , *Udienza generale* 4 giugno *2008.*

_______ , *Verbum Domini*, 30 settembre 2010.

BISCONTIN, C., *Bibbia e omelia*, in «*Credere oggi*», 4/2012.

BISCONTIN, C., Breve corso sulla predicazione omiletica, http: www.bz-bx.net/bolzano/allegati/23735/BREVE%20CORSO%20sulla%20predicazione.pdf (consultato il 20 marzo 2014).

BONACCORSO, G., *La liturgia e la fede. La teologia e l'antropologia del rito*, Messaggero, Padova 2010.

BONAVENTURA DA BAGNOREGGIO, *Itinerario della mente in Dio*, in *Opere di san Bonaventura: Opuscoli Teologici/1,* Città Nuova Editrice, Roma 1993.

BORDONI, M., – CIOLA, N., *Gesù nostra speranza. Saggio di escatologia in prospettiva trinitaria*, EDB, Bologna 2000.

BORDONI, M., *Christus omnium redemptor. Saggi di cristologia*, LEV, Città del Vaticano 2010.

CONGREGAZIONE PER L'EDUCAZIONE CATTOLICA, *Istruzione sullo studio dei Padri della Chiesa nella formazione sacerdotale*, Roma 1989.

CONGREGAZIONE PER LA DOTTRINA DELLA FEDE, *Donum veritatis. Sulla vocazione ecclesiale del teologo*, 24 maggio 1990.

DANTE ALIGHIERI, *Divina Commedia. Paradiso*, Canto XXXIII.

FORTE, B., *Teologia della storia. Saggio sulla rivelazione, l'inizio e il compimento*, San Paolo, Milano 1991.

FRANCESCO, *Esortazione Apostolica Evangelii gaudium*, 24 novembre 2013.

FUMAGALLI, M., – BROCCHIERI, B., – PARODI, M., *Storia della filosofia medievale*, Laterza, Bari 1996.

GALIMBERTI, U., *L'ospite inquietante. Il nichilismo e i giovani*, Feltrinelli, Milano 2013.

GANDOLFO, E., *Gregorio Magno. Servo dei servi di Dio*, IPL, Milano 1980.

GARGANO, G. I., *Il libro, la parola e la vita. L'esegesi biblica di Gregorio Magno*, San Paolo, Milano 2013.

_______, *Il sapore dei Padri della Chiesa nell'esegesi biblica. Una introduzione*, San Paolo, Milano 2009.

_______, *Introduzione al libro II dei dialoghi di San Gregorio Magno*. Lezioni, http://www.camaldolesiromani.it/sito/documenti/articoli (consultato il 18 marzo 2014).

GREGORIO MAGNO, *Commento al Cantico dei cantici*, Città Nuova Editrice, Roma 2011.

_______, *Commento morale a Giobbe*, Città Nuova Editrice, Roma 1992.

_______, *Lettere*, Città Nuova Editrice, Roma 1996.

_______, *Omelie su Ezechiele*. Città Nuova Editrice, Roma 1993.

_______, *Omelie sui vangeli*, Città Nuova Editrice, Roma 1994.

_______, *La Regola pastorale*, Città Nuova Editrice, Roma 2008.

LORA, E. (ed.), *Costituzione Dogmatica Sacrosanctum Concilium*, Enchiridion Vaticanum 1. Documenti del Concilio Vaticano II, EDB, Bologna 1985.

LORTZ, J., *Storia della Chiesa*, Vol. I, San Paolo, Milano 1987.

MAZZA, G., *Dio al limite. Prospettive per un cristianesimo di soglia*, San Paolo, Torino 2009.

MELONI, P., *La visione del sacerdozio nella spiritualità di San Gregorio Magno,* in Panimolle, A. (ed), *Dizionario biblico di spiritualità biblico-patristica*, vol. 63, Borla, Roma 2013.

MORTARA GARAVELLI, B., *Manuale di retorica*, Bompiani, Milano 2010.

MURA, G. (ed), *La teologia dei Padri. Testi dei padri latini greci orientali scelti e ordinati per temi*, vol. 4, Citta Nuova, Roma 1982.

PONTIFICIO CONSIGLIO DELLA CULTURA, *Per una pastorale della cultura*, 23 maggio 1999.

RATZINGER, J., *Gesù di Nazaret*, Rizzoli, Milano 2007.

ROCCHETTA, C., *Sacramentaria fondamentale. Dal Mysterion al Sacramentum*, EDB, Bologna 2007.

ROMANO, A., *Il nesso tra omelia divina e catechesi: la mistagogia della Parola come eco del verbum in ecclesia*, in «Rivista Liturgica», 2/2012.

XII ASSEMBLEA GENERALE ORDINARIA DEL SINODO DEI VESCOVI, *Messaggio finale.*

ZANINI, P., *Significati del confine. I limiti naturali, storici, mentali*, Mondadori, Milano 2000.

Printed by Books on Demand GmbH, Norderstedt / Germany